코로나 시대,
부의
흥망성쇠

코로나 시대,
부의
흥망성쇠

초판 1쇄 인쇄 2020년 6월 20일
초판 1쇄 발행 2020년 6월 27일

지은이 | 하나은행 하나금융경영연구소
펴낸이 | 金滇珉
펴낸곳 | 북로그컴퍼니
주소 | 서울시 마포구 월드컵북로1길 60(서교동), 5층
전화 | 02-738-0214
팩스 | 02-738-1030
등록 | 제2010-000174호

ISBN 979-11-90224-46-8 03320

변화하는 산업구조,
살아남을 방법은 무엇일까?

코로나 시대,
부의
흥망성쇠

하나은행 하나금융경영연구소
장보형, 김영준, 안혜영, 황규완, 김유진, 마지황, 김문태, 김동한

시목 始木

코로나19 충격이 지구촌을 강타하고 있습니다. 코로나19 바이러스가 전 세계적으로 빠르게 확산되면서 주요국 경제가 '락다운'에 들어가는 등 경제활동이 한때 올 스톱 되고 GDP 성장률이 마이너스를 기록하기도 했으며, 전 세계적으로 800만 명 이상의 확진자가 발생하고 40만 명 이상이 목숨을 잃었습니다. 코로나19는 규모와 파급력에서 인류가 미처 경험해보지 못했던 대재앙인 것입니다.

아마도 우리는 코로나19 이전의 생활로 돌아가기 힘들 것입니다. 거리 두기와 생활 속 방역활동이 일상화될 것입니다. 따라서 코로나19 이후의 세계는 과거와는 다를 것입니다. 넓게는 국가적으로 성장 및 분배 정책에 변화가 불가피할 것이며, 좁게는 개인의 소비와 일하는 방식이 바뀔 것입니다. 또한 이와 같은 변화에 어떻게 적응하느냐에 따라 주요 산업과 기업의 생존이 결정될 것입니다.

《코로나 시대, 부의 흥망성쇠》는 이와 같이 변화하는 시대에 적응하고, 변화로부터 기회를 얻고자 하는 사람을 위한 안내서입니다. 포스트 코로나 시대의 거시경제 환경 변화를 예상하고, 주요 산업에 미치는 영향을 분야별로 분석함으로써 산업 지형도가 어떻게 바뀔지를 전망하고 있습니다.

 기업은 산업 지형도의 변화를 예측함으로써 기존 사업의 방향성을 재설정할 수 있고, 미래에 대한 대비책을 세워 포스트 코로나 시대에서도 지속적으로 성장할 수 있는 기업을 만들 수 있습니다. 또한 개인은 향후 성장 가능성이 높은 분야의 창업에 나서거나, 전문성을 강화해서 취업에 성공할 수 있을 것입니다. 아니면 유망산업의 떠오르는 기업에 대한 주식투자에 나설 수도 있을 것입니다.

 "낙관주의자는 위기 속에서 기회를 보고, 비관주의자는 기회 속에서 위기를 본다."

- 윈스턴 처칠

코로나19는 우리 모두에게 위기이자 동시에 기회이기도 합니다.

위기를 잘 넘기고 기회를 잘 살린 국가와 기업은 지속적으로 성장하는 국가와 기업으로 한 단계 나아갈 수 있을 것입니다. 한 개인의 삶은 그가 속한 국가의 흥망성쇠에 영향을 받을 수밖에 없고, 개개인은 어떤 형태로든 경제활동을 하고 있다는 점에서 산업의 흥망성쇠와 떼려야 뗄 수 없는 관계입니다. **결국 코로나 시대에 떠오르는 산업과 쇠퇴해가는 산업을 제대로 아는 것은 개인의 흥망성쇠와도 바로 연결이 됩니다.**

이 책의 구성은 다음과 같습니다. 1장에서는 코로나 이후의 세계경제 및 한국경제 환경의 변화에 대해 다룹니다. 코로나19 시대의 새로운 도전과제와 이에 대한 대응, 그리고 새롭게 떠오르는 아시아 세기에 대한 이야기입니다. 2장은 포스트 코로나 시대에 거리 두기 일상화로 큰 변화가 예상되는 서비스 산업에 대한 내용입니다. 3장에서는 언택트를 가능케 하는 4차 산업혁명이 활발히 이뤄지고 있는 IT 분야와 투자 시장을 다룬 후, 4장에서 코로나 이후 커다란 지각변화가 예상되는 전통 산업을 다뤄봤습니다. 그리고 부록은 본문에서 미처 다루지 못한 내용에 대해 연구소의 산업 전문가들이 자유로운 분위기 속에서 진행한 토론을 정리한 것입니다. 재미있게 읽으시면서 다양한 인사이트를 얻을 수 있을 것으로 생각됩니다.

> "사막이 아름다운 것은 어딘가에 샘을 숨기고 있기 때문이야."
>
> - 《어린 왕자》 by 생텍쥐페리

사막은 죽음이 연상되는 황량한 공간입니다. 하지만 사막을 여행하다 보면 몸과 마음에 안식을 주는 오아시스를 만날 수 있습니다. 우리의 인생도 마찬가지일 겁니다. 코로나19라는 사막이 우리를 힘들게 하고 있지만, 힘든 시절을 무사히 견뎌내면 오아시스를 만나고 과실을 얻을 수 있을 것입니다. **이 책이 코로나19라는 사막의 한복판에서 어려움을 겪고 있는 여행객들에게 오아시스로 향하는 길잡이가 되기를 기원합니다.**

차례

1장

코로나가 불러올 경제 지각변동, 무엇이 바뀔 것인가?

포스트 코로나 시대, 세계경제의 새로운 도전

장보형

코로나19 감염이 한창이던 어느 날, 대도시 한쪽에서는 자가격리 중인 시민들이 발코니에 나와 손뼉을 치며 의료진을 응원하고 서로를 위로하는 모습이 이어졌다. 동시에 시내 광장에서는 사회적 거리 두기에 지친 수백 명의 시민들이 모여 봉쇄 해제를 요구하며 시위를 벌이기도 했다. 이탈리아 로마에서 브라질 상파울로에 이르기까지, 코로나가 빚어낸 현대 도시인의 두 얼굴이다. 이처럼 시민들의 엇갈리는 동선과 혼선은 포스트 코로나 시대 불확실성의 새로운 원천이 되고 있다.

대봉쇄 시대, 출구는 있는가

코로나19 바이러스가 창궐하면서 세계경제는 그야말로 '셧다운 (shutdown)', 즉 일시 휴업 상태에 빠졌다. 현대 보건의학이 발전한 덕택에 신체 기능의 치명적인 손상이나 생명 상실 등과 같은 직접적 피해는 아직 과거의 전염병 악몽만큼 크진 않은 편이다. 하지만 건강에 대한 관심이 높아짐에 따라 전염병이 사람들의 심리나 행태에 미치는 영향은 더욱 증폭되고 있다. 감염에 대한 공포가 극대화되면서 사람들과의 만남을 차단함으로써 일상생활이 붕괴된 것이다. 세계경제의 셧다운은 자연스런 결과다.

코로나19 바이러스가 초래한 세계경제 위기는 2008~2009년의 글로벌 금융위기를 넘어서, 현대 세계경제의 최대 참사로 불리는 1930년대 세계 대공황 이후 최악으로 평가된다. 전염병 충격과 관련해서도 21세기의 사스나 메르스 등과는 비교가 안 될 정도로 심각하고, 1950~1960년대의 아시아·홍콩 독감이나 그보다 강도가 훨씬 센 1910년대 스페인 독감 정도에 비견될 것이라는 진단이 지배적이다. (그림 1) 10여 년 만에 되돌아온 세계경제 위기가 100년 가까운 현대의 세계경제 역사 자체를 뒤흔들고 있는 것이다. 이마저도 충분치 않은지, 아예 세계 대공황을 능가하는 위기라는 진단도

그림 1 20세기와 21세기의 전염병 비교

구분	사스(SARS) (2003~2004년)	메르스(MERS) (2012년, 2015년 (한국))	신종 플루 (2009~2010년)	전형적 독감 (매년)
최초 발병국	중국	중동(사우디)	미국, 멕시코	-
병원체	사스-코로나 바이러스	메르스-코로나 바이러스	독감 바이러스(H1NI)	독감 바이러스
확산 경로	중국 지역사회 전파, 해외 방문객	사우디 지역사회 전파, 중동 방문객	지역사회 전파, 해외 방문객 전파	지역사회 전파, 해외 방문객 전파
특징	발열 전 전파 능력 없음, 높은 온도· 습도에서 생존력 낮음	의료기관 내 감염, 매우 높은 치명률, 높은 온도·습도에서 생존력 높음	어린이와 젊은 성인 발병률 높음, 자연치유 다수	추운 날씨에 주로 발생, 기저질환
전 세계 감염자 수(세계 인구 대비, %)	8,098명 (0.0001%)	2,506명 (0.00003%)	7억~14억 명 (11~21%)	3억 4천만~ 10억 명(5~15%)
전 세계 사망자 수(치명률, %)	774명(9.6%)	862명(34%)	15만 2천~ 57만 5천 명(0.03%)	29만~65만 명 (0.1%)
감염 국가	중국, 홍콩, 대만, 싱가폴, 캐나다 등 29개국	아랍 국가(사우디, UAE 등), 한국 등 25개국	미국, 멕시코, 캐나다, 스페인 등 191개국 이상	전 세계

구분	스페인 독감 (1918~1919년)	아시아 독감 (1956~1958년)	홍콩 독감 (1968~1969년)	COVID19 (2019.12~ 2020. 06. 15 현재)
최초 발병국	미국	중국	중국	중국
병원체	독감 바이러스(H1N1)	독감 바이러스 (H2N2)	독감 바이러스 (H3N2)	신종 코로나 바이러스
확산 경로	제1차 세계대전 중 군부대의 이동 경로를 따라 확산	학교, 집회 등을 통해 확산	월남전 참전 용사 귀국에 따라 전 세계로 확산	지역사회 전파, 중국 방문객
특징	5세 미만, 20~24세, 65세 이상 사망률 높음	주로 어린이와 노인 사망률 높음	미국에 큰 피해, 65세 이상 고령 인구 사망률 높음	빠른 전파력, 고령자 치명률 높음
전 세계 감염자 수(세계 인구 대비, %)	5억~10억 명 이상 (33~56%)	5억 명 이상 (17%)	5억 명 이상 (14%)	800만 명(0.10%)
전 세계 사망자 수(치명률, %)	1,700만~1억 명 (3.5~10%)	100만~400만 명 이상(0.2~0.8%)	100만 명 이상 (0.2%)	43만 6,000명 (5.45%)
감염 국가	미국, 유럽, 중국 등 전 세계	중국, 미국, 영국 등 전 세계	중국, 동남아, 미국 등 전 세계	중국, 한국, 유럽, 미국 등 214개국

나온다.

여기서 세계경제의 붕괴가 바이러스 자체보다는 오히려 그에 맞선 정책 대응의 결과라는 점에 유념할 필요가 있다. 인명 피해를 줄이기 위한 고강도 방역대책의 일환으로서 사회적 거리 두기와 국경 통제 등에 나서다 보니, 주요국 경제가 셧다운 되고 세계적으로 심각한 경기침체가 초래된 것이다. 이런 맥락에서 "경기침체야말로 사실상 가장 강력한 보건 방역조치"라 평가되기도 한다.[1] 세계경제의 파수꾼을 자처하며 위기 때마다 국제적 차원의 지원 노력을 진두지휘해온 국제통화기금(IMF)은 코로나 위기하의 세계경제를 "대봉쇄(the Great Lockdown)"라고 진단한다.[2]

우리나라를 포함하여 주요국에서 사회적 거리 두기나 봉쇄 정책의 완화를 모색하느라 분주한 것도 그 때문이다. 이른바 '코로나 블루'로 몸과 맘이 갑갑해진 탓도 있겠지만, 소비 위축이나 직장 폐쇄로 일자리와 생계를 잃은 사람들을 중심으로 어떻게든 먹고살아야 하는 절박감이 크기 때문이다. 하지만 봉쇄 정책의 성급한 완화로 인해 감염이 재확산될 가능성이 제기되기도 한다. 이미 많은 전문가

---

1   "Mitigating the COVID Economic Crisis: Act Fast and Do Whatever It Takes", Richard Baldwin and Beatrice Weder di Mauro(eds), VoxEU.org, 18 March 2020.

2   "IMF World Economic Outlook: The Great Lockdown", IMF, April 2020.

들은 올가을 전후, 늦어도 내년 중 2차 유행의 가능성을 환기하고 있다. 이처럼 봉쇄 해제의 '출구 전략(exit strategy)'은 결코 단선적인 과정이 아니며, 과연 출구가 있는지도 의문이다.

봉쇄 정책은 일반적으로 전원의 스위치를 내리는 것에 비유할 수 있다. 중요한 것은 그 대상이 단지 집 안의 누전차단기인지, 초대형 원자로인지이다. 가령 누전차단기는 다시 올리면 별문제 없이 전기가 돌아온다. 물론 일부 고장 난 곳이 있으면 불이 깜박일 테지만, 대부분은 직접 퓨즈를 갈거나 수리 기사를 불러 해결할 수 있다. 그러나 원자로라면 문제가 다르다. 전원이 차단되면서 핵 연료봉의 용융과 폭발로 인해 방사능 누출과 같은 대재앙이 초래될 수 있기 때문이다. 전원의 스위치를 다시 올린다고 해서 원자로가 순조롭게 재가동되고 사태가 수습되리라 기대하기는 힘들다.

미국을 비롯한 주요국의 전격적인 금리 인하와 유동성 공급, 또 대규모 재정 부양책 시행은 바로 이런 위험을 완화하기 위한 특단의 조치였다. 즉, 원자로 가동 중단에 따른 붕괴열(방사능 붕괴로 인해 방출되는 열)을 제거하기 위해 냉각 시스템을 제대로 작동시키려는 노력과 비교된다. 특히 2011년 일본 후쿠시마 원전 사고의 교훈에 주목할 필요가 있다. 쓰나미에 의한 원전 침수로 냉각 시스템이 파괴

되고 붕괴열이 제어되지 못하자 결국 원자로가 폭발했고, 유독 방사성 물질이 대량 누출되었던 것이다. 셧다운 이후 경제 회생 기반을 지키기 위해서는 이처럼 세계 각국의 강력한 안정화 조치가 불가피했다.

그러나 이런 정책 대응이 과연 코로나 위기 속의 세계경제를 안정시킬 수 있을지 여부는 여전히 불확실하다. 일각에서는 이른바 '사이토카인 폭풍(cytokine storm)'의 위험을 환기하기도 한다. 낯선 바이러스가 침투할 때 우리 몸에서 분비되는 면역물질을 사이토카인이라고 하는데, 자칫 과잉 분비될 경우(폭풍) 정상적인 신체 조직마저 공격하면서 더 위중한 상황에 내몰리게 될 수 있다. 면역력 높은 일부 젊은이들이 코로나 감염으로 사경을 넘나들었던 것도 그 탓이다. 이렇게 보면, 지금 세계경제의 붕괴 위험은 실은 현대 경제의 강력한 면역 기능에 따른 자충수인지도 모른다.

이처럼 코로나 위기는 누군가의 말처럼 "끝날 때까지는 끝난 게 아니다." 지난 4월 IMF는 대봉쇄하의 세계경제 성장률이 올해 -3%로 떨어질 것이라고 전망했는데, 글로벌 금융위기 직후인 2009년의 -0.1%보다 한층 악화된 수치이다. 그러나 이런 전망마저 낙관적이라며, 봉쇄 정책의 장기화나 2차 유행 위험을 반영할 경우 올해 성장률이 기준 전망에 비해 최대 3%P 더 떨어지고 내년에도 8%P 이상 감소할 수 있다고 덧붙인다. 올해 세계경제 성장률이 -6%까지 추락하고, 내년에도 -2% 정도에 그칠 수 있다는 얘기다. 아직도 출구 전략을 운운하기에는 요원해 보인다.

정상으로의 복귀라는 망상에서 벗어나야

굳이 2차 유행을 고려하지 않더라도, 코로나 사태 이후의 세상에 대해서는 불확실성이 산적해 있다. 네덜란드계 다국적 금융그룹인 ING는 '포스트 코로나(Post-COVID)' 세상에 대해 "지난 10여 년간 득세하던 '정상화(normalization)'라는 무익한 논쟁을 버려야 할 때"라고 역설한다.[3] 오히려 예전처럼 안정적인 성장경제로의 복귀에 대한 염원이 산산조각나면서, 글로벌 금융위기 이후 세계경제의 이른바 '장기정체(secular stagnation)' 위험은 더욱 기승을 부릴 가능성이 크다.

장기정체는 세계경제가 2008~2009년의 금융위기 충격을 극복하지 못한 채 지지부진한 회복세에 그쳤던 모습을 집약하는 표현인

---

[3] "Pandenomics-Policymaking in a post-pandemic world", Mark Cliffe, VoxEU.org, 13 April 2020.; "Pandenomics: How Covid-19 could change the world", Mark Cliffe, ING, April 2020.

데, 국제적으로 국내총생산(GDP) 수준이 기존 추세에 비해 대폭 하향 조정된 흐름이 지속되는 것을 통해 확인할 수 있다. (그림 2) 그나마 2010년대 후반에 들어 세계경제 회복세가 다소 탄력받으면서 장기정체를 벗어나는 것은 아닌지 기대가 커진 바 있다. 하지만 세계경제의 두 거인(G-2), 미국과 중국 간의 무역 분쟁 등을 거치며 이런 기대가 다시 퇴조하기 시작했고, 이번 코로나 위기는 아예 결정타로 작용했다. 글로벌 금융위기 이후 10여 년에 걸친 장기정체의 위험

그림 2 세계경제의 장기정체: GDP 추세의 하향 조정

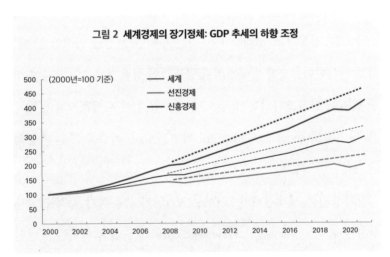

주: 세계경제 및 선진·신흥경제의 GDP를 2000년=100으로 지수화한 값으로서, 실선은 실제치(단, 2020~2021년은 IMF 전망치)이고, 점선은 글로벌 금융위기 이전의 추세선을 연장한 것. 이 그래프는 글로벌 금융위기 이후, 나아가 코로나 위기 이후 GDP 추세가 기존 추세와 괴리를 확대하고 있음을 보여줌.

자료: IMF(2020년 4월 세계경제 전망)

에서 탈피해 세계경제가 다시 정상화될 것이라는 희망이 좌초된 것이다.

한때 도도한 흐름이던, 제로 금리와 양적 완화에 대한 출구 전략이 중도 하차한 것도 마찬가지다. 대신에 주요국에서 마이너스 금리가 재확산되고 세계적으로 무제한적 양적 완화가 표준 처방으로 부상하고 있다. 게다가 유동성의 범람에도 실물경제가 별 혜택을 누리지 못하는 가운데, 인위적인 수요 부양과 실물경제 지원을 목적으로 통화 증발을 통한 재정적자 보전, 즉 '재정의 화폐화'가 본격화되고 있다. 사실상 공고한 재정 원칙이던 '균형재정'에 대한 집착이 무너지고, 주류 경제학에서 보면 이단에 가까운 '현대 화폐 이론(MMT: Modern Monetary Theory)'이 득세하고 있다.[4] 이미 1990년대부터 장기정체에 허덕이며 국가 채무만 키워온 일본의 경험이 일반화된 셈이다.

사실 이런 양상은 포스트 코로나 시대의 새로운 변화가 아니다. 오히려 글로벌 금융위기를 거치며 노출된 세계경제의 다양한 취약성, 또 이에 맞선 각국의 공격적인 정책 대응이 맞물린 결과다. 코로나 위기는 이런 추세 혹은 혼란을 가속화시키고 그 부담만 가중시

---

4   《균형재정론은 틀렸다》, L. 랜덜 레이(홍기빈 역), 책담, 2017.

킨 데 불과하다. 가령, 요즘 정당성이 강화된 기본소득은 물론, 미국의 글로벌 리더십 실종이나 국제 협력의 와해, 또 국경 통제와 이방인 혐오증 등은 이미 장기정체의 시련과 맞물려 점차 친숙해진 테마들이다. 최근 각광받는 '언택트(untact: 비대면)'와 '텔레워크'(tele-work: 원격 근로)' 역시 4차 산업혁명으로 익숙한 트렌드다.

이런 맥락에서 보면, 우리가 되돌아가야 할 정상 혹은 '새로운 정상', 즉 뉴노멀(New Normal)이라는 것은 막연한 허상인지도 모른다. ING는 예전에도 뉴노멀 논쟁과 관련해, "뉴노멀은 결코 존재한 적 없고, 오히려 '뉴애브노멀(New Abnormal: 새로운 비정상)'로 대체해야 한다."고 지적한 바 있다. 심지어 일각에서는 '패러노멀(Paranormal: 과학적으로 설명할 수 없는)'이라는 낯선 용어를 꺼내 들기도 했고, 우리에게는 이른바 "비정상의 일상화"라는 표현도 친숙하다. 이런 상황에서 지금의 전염병 충격은 오늘날 환경에서 예외나 변칙이라기보다는 그저 한 가지 증상이나 일례에 지나지 않을 것이다. 다음은 기후변화 충격이 될 수도 있다.

특히, 최근 들어 경제 향방과 관련해 이른바 '비경제적 변수'의 영향력이 증대되고 있다. 이번 코로나 충격이 그 단적인 예이며, 점차 위험성을 키우고 있는 기후변화 문제도 마찬가지다. 나아가 지난해 세계경제를 뒤흔들었던 미중 무역 분쟁도 실은 단순한 무역이나 경제 차원이 아니라 그 배후에 도사린 정치적, 지정학적 갈등에 주의해야 한다. 가령, 미국의 정치 컨설팅사 유라시아 그룹(Eurasia Group)은 세계경제 향방과 관련해 "지정학적 침체(geopolitical recession)", 아니 이제는 그보다 심각한 "지정학적 불황(geopolitical depression)"의 위험을 경고한다.[5] 아마도 포스트 코로나 시대를 상징하는 중요한 이정표가 될 것이다. 실제로 코로나 감염이 폭발한 미국은 비난의 화살을 돌리기 위해 다시 '중국 때리기'에 나서고 있다. 비단 미국만이 아니라, 얼마 전 우리나라에 대한 일본의 수출 규제처럼 다양한 정치·지정학적 이유에 기반한 '교역의 무기화', 나아가 '금융의 무기화'는 이제 일상적인 일이 되고 있다.

이런 상황에서는 일반적인 '리스크 관리'가 아니라 '불확실성에 대한 적응'이 중요하다. '리스크(risk)'와 '불확실성(uncertainty)'의 구분은 20세기 초 미국의 경제학자 프랭크 나이트(Frank Knight)에서 비롯된 것으로, 그는 "측정 가능한 불확실성"을 리스크로 표현하

---

5   "Top Risks 2020: Coronavirus Edition", Eurasia Group, March 2020. 등 참고. 일반적으로 '침체(recession)'는 2분기 연속 마이너스 성장률을 기록하는 경우로서 순환적인 경기하강을 의미하는 반면, '불황(공황: depression)'은 1930년대 대공황처럼 수년간 심도 깊은 구조적 차원의 침체를 뜻한다. 유라시아 그룹은 코로나 위기로 인해 지정학적 침체가 지정학적 불황으로 발전하고 있다고 경고한다. 참고로, 글로벌 금융위기 직후 고강도의 세계경제 침체를 '대침체(the Great Recession)'라고 표현하고 1930년대 세계 대공황을 '대공황(the Great Depression)'으로 부른다.

고, 측정 불가능한 "진정한 불확실성(Knightian Uncertainty)"과 구분했다. 다시 말해, 리스크는 "그 결과는 모르지만 확률 분포가 알려진 불확실성"을 지칭하는 반면, 진정한 불확실성은 "그 확률 분포조차 알려지지 않은 불확실성"을 뜻한다. 전례나 확률 분포를 찾기 힘든 코로나 충격이나 미중 무역 분쟁, 기후변화 등은 모두 진짜 불확실성에 속하며, 관리는커녕 수긍하고 적응하는 게 우선이다.

따라서 이제 "리스크의 사고방식(risk mindset)"에서 벗어나 "불확실성의 사고방식(uncertainty mindset)"으로 나아가는 것이 중요하다. 리스크 모델링에 필요한 데이터 분석이나 우리에게 친숙한 역사적 경험과의 비교 차원을 넘어서, 보다 중장기적인 맥락에서 광범위한 역사적 사례들을 활용하여 다양한 시나리오 설정과 비상계획 수립 등에 필요한 직관과 상상력, 또 귀납적 논리가 아닌 연역적 논리가 중요하다. 케인즈의 말처럼, "정확히 틀리기보다는 대충 맞는 게 낫다."는 얘기다.

민관(民官)의 새로운 사회 계약이 필요한 때

불확실성과 비정상으로 가득 찬 포스트 코로나 시대에는 글로벌 금융위기 직후의 경제적, 금융적 고려 차원을 넘어 아예 사회적, 환경적, 보건적, 분배적 측면의 새로운 의제들이 전면에 나설 가능성이 크다. 대부분 범국가적, 나아가 세계적 차원에서의 정치적 의사 결정이 요구되는 과제다. 일국적으로나 세계적으로도 정부 혹은 공공부문이 앞장서야 할 때인 것이다. 이로 인해 '큰 정부(big government)'가 부활하고 있다.

코로나 충격에 대응하여 주요국이 공세적으로 제시한 긴급피해 지원 대책이나 유동성 공급 및 중재 기능들은 스위치를 다시 켠다고 해서 바로 회수되기는 어려워 보인다. 일부 조치들은 단계적 정리가 불가피하지만, 비상 의료품과 생필품 등 필수재의 원활한 공급을 포함하여 인간다운 삶을 유지하는 데 필요한 고용 안정이나 소득 지원, 취약한 경제(및 산업·금융) 시스템의 관리와 정비, 나아가 공중보건과 기후변화 등과 관련된 이슈들은 대부분 정부의 역할 강화를 강조한다. 특히, 전통적으로 해온 긴급자금지원 위주의 '최종 대부자' 수준을 넘어서 이제는 투자와 고용, 나아가 시장 안정을 직접 책임지는 '최종 투자자', '최종 고용자', '최종 중재자' 등에 대한 요구가 빗발친다.

이런 기류가 자칫 '국가 중심주의'로 귀착되지 않으려면, 민(民)과 관(官)의 새로운 관계 정립이 필요하다. 최근 국제사회에서 관심을 끄는 "새로운 사회 계약(new social contract)" 논의는 이러한 문제의

식을 반영하고 있다.[6] 특히 오늘날 새롭게 제기되고 있는 다양한 사회적 도전 과제들을 해결하는 데 있어 민간의 이니셔티브를 확대하는 것이 중요하다. 대부분 창의적이고 유연한 접근방식과 해법이 요구되는데, 여기서는 아무래도 정부나 공공부문의 대처 능력이 떨어지는 탓이다. 어쩌면 코로나 위기 대처 과정에서 잠재력을 보여준 스타트업 등 국내 기업들의 능동적인 대응과 민관의 효율적인 협력은 이런 맥락에서 우리 경제의 새로운 활력소가 될지도 모른다.

그동안 기술 혁신과 세계화 확산 등 급격한 변화로 인해 기성의 사회적 가치나 비전은 무너져왔다. 코로나 위기의 세계화로 인해 세계화의 부정적 비전이 재부각되고 있지만, 4차 산업혁명의 본격화와 맞물린 기술 혁신은 더욱 힘을 받을 공산이 크다. 하지만 노동 절약적, 혹은 고기술·고소득 편향적인 기술혁신은 오히려 소득 및 부의 불평등을 심화시키고 있다. 아울러 최근 코로나 위기가 조업 및 영업 중단에 따른 일자리와 소득 상실의 하중을 저소득층에 집중시키고 있는 점도 문제다. 이런 가운데 일각에서는 "코로나 격변(COVID upheaval)"의 가능성을 환기하기도 한다.[7]

---

6   "Do we need a new social contract?", Maurizio Bussolo and Marc Fleurbaey, Brookings, April 11, 2019; "A New Social Contract," Nemat Shafik, Finance & Development(Vol. 55), IMF, December 2018. 등 참조.

실제로 최근 봉쇄 완화를 요구하는 저소득층의 분노가 국제적으로 번지고 있다. 따라서 불평등 문제나 기술혁신의 편향성을 완화하고 사회·경제적 안정을 담보할 새로운 사회 계약이 현안으로 떠오르고 있다. 여기서도 중요한 것은 민간부문이다. 가령, 기술혁신에 따른 저소득·저숙련 근로자의 고용 불안과 관련해서도 적정 기술의 활용과 노동 활용성의 제고에 기반하여 사회적, 지역적 과제들에 도전하는 사회적 기업이나 사회적 경제의 역할에 점점 많은 관심이 쏠린다. 나아가 민간이라는 개념이 기업이나 시장 혹은 비즈니스에만 국한되지는 않는 데 유의해야 한다. 오히려 다양한 이해관계를 반영하고 있는 '시민사회'가 중요하다.[8] '정부 대(對) 시장'의 이분법을 넘어서 "제3의 축"으로서 시민사회 혹은 다양한 공동체가 제 기능을 수행해야 하는 것이다. (그림 3)

실제로 코로나 위기는 시민의 자발적 협력, 정부의 리더십에 대한

---

7   "The COVID-19 upheaval scenario: Inequality and pandemic make an explosive mix", Richard Baldwin, VoxEU.org, 15 March 2020.

8   "The coming battle for the COVID-19 narrative", Samuel Bowles and Wendy Carlin, VoxEU. org, 10 April 2020.

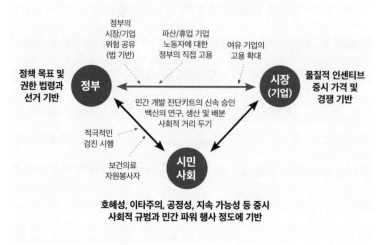

그림 3 정부-시장(기업)-시민사회의 상호보완적 협력

정부의
시장/기업
위험 공유
(법 기반)

파산/휴업 기업
노동자에 대한
정부의 직접 고용

여유 기업의
고용 확대

정책 목표 및
권한 법령과
선거 기반

정부

**시장
(기업)**

물질적 인센티브
중시 가격 및
경쟁 기반

민간 개발 진단키트의 신속 승인
백신의 연구, 생산 및 배분
사회적 거리 두기

적극적인
검진 시행

보건의료
자원봉사자

**시민
사회**

호혜성, 이타주의, 공정성, 지속 가능성 등 중시
사회적 규범과 민간 파워 행사 정도에 기반

주: 점선 화살표는 코로나 위기 중 관련 정책 및 대응책의 입지를 시사.

자료: Samuel Bowles and Wendy Carlin(2020)을 토대로 재구성.

국민의 신뢰 등이 위기 극복에 대단히 중요한 변수임을 다시 한번 확인시켜주었다. 이런 맥락에서 요즘 국제적으로 "한국식 모델"에 대한 관심이 커지고 있다. 한때는 한국의 고강도 방역대책에 대해 정부의 과도한 관여와 사생활 침해 가능성 등에 초점을 맞추어 서구를 중심으로 비판의 목소리가 컸었다. 하지만 점차 시민과 기업들의 자발적인 협조, 민관 협력의 창의적이고 능동적인 실험에 대해 국제 사회에서 높은 평가를 내리고 있다. 과연 코로나 위기 대처 과정에서 우리 사회의 역동성이 포스트 코로나 시대의 새로운 표준으로 자리 잡을 수 있을지 귀추가 주목된다.

반면, 방역 실패의 책임을 중국 등 외부로 전가하려는 "트럼프 모델"은 그 반대가 아닐까? 연말 대선을 앞둔 미국의 트럼프 대통령은 "우한 바이러스"라는 표현을 고집하며 바이러스 확산의 책임을 중국에 지우려 한다. 그 외에도 서구 사회 전반에 걸쳐 정부는 물론이고 언론과 시민들 사이에서도 중국 때리기를 비롯하여 이방인 혹은 소수자 혐오증이 더욱 기승을 부리고 있다. 트럼프의 미국 우선주의, 브렉시트 등 유럽 통합 시스템의 와해 조짐, 서구를 비롯해 세계 도처의 극우 민족주의·인종주의·종교주의 부상 등은 최근 수년새 이미 친숙해진 쟁점들이다. 포스트 코로나 시대를 맞아 자국 중심주의적 폐쇄와 차별에 맞서 개방과 포용의 가치를 여하히 지켜낼 것인지가 관건이다.

아시아 세기의 새로운 기회에 주목해야

세계경제 향방과 관련해 포스트 코로나 시대는 크게 두 가지 측면에서 주목을 끈다. 우선, 디지털화의 가속이다. 사회적 거리 두기가 장기화되면서 온라인 비즈니스가 가속 성장세를 보이는가 하면, 그동안 말만 무성하고 현실적 제약이 부각되던 원격 의료나 원격 근로,

나아가 기타 다양한 '언택트' 경제 등이 전방위적으로 확산되고 있다. 이런 가운데 "지금 전 세계가 전자상거래, 디지털 경제, 원격 경제에 대한 특강을 받고 있다."는 말도 나온다. 이른바 '홈코노미'도 이번 위기로 새롭게 조명받고 있다.

동시에 사회적, 물리적 친교가 없는 '코로나 블루'의 위험도 좌시하기는 힘들다. 우울증은 논리적 이유 없이 타인에 대한 분노나 공격으로 이어지곤 한다. 또한 앞에서도 지적한 것처럼, 디지털화의 분배적 영향도 주의해야 한다. 앞으로 새로운 근로 환경과 비즈니스의 재조정 과정에서 다양한 일자리가 상실되거나 축소될 가능성이 크다. 따라서 노동 활용을 증진시키거나 고용을 확대하고, 나아가 그 편익을 상당 부분 저소득자나 저숙련자들에게 돌릴 수 있는 방향으로 디지털 기술혁신을 재설계하는 것이 중요해진다. 그동안 서구에서 논의만 무성하던 로봇세 혹은 부유세나 국경세 등을 넘어서 기술혁신의 본성과 방향을 구조조정해야 한다는 목소리가 커지고 있다.[9]

다른 하나는 세계화의 새로운 흐름이다. 이 문제 역시 두 가지 차원에서 접근할 수 있다. 첫 번째는 코로나 위기가 국제 지정학 차원에서 불러온 다양한 갈등의 분출이다. 본래 위기 때마다 갈등이 확

---

9 《왜 우리는 불평등해졌는가》, 브랑코 밀라노비치(서정아 역), 21세기북스, 2017.

대되는 경향이 있다. 최근 미중 갈등 재현이나 국제적 차원에서의 고립주의·배타주의 확산 등을 볼 때 코로나 위기는 아마도 이런 흐름을 더욱 가속화할 변곡점이 될 것이다.[10] 특히, 유라시아 그룹은 오늘날의 국제 정세를 "G-0" 시대로 진단하며, 올해가 "세계화의 역사적 변화라는 전환점"이 될 것이라고 예상한 바 있다. G-0는 글로벌 리더십을 떠안을 의지가 없는 미국과 그럴 능력이 없는 중국 간의 지정학적 권력 균형의 공백을 지칭하는 표현인데, 사실 1930년대 세계 대공황과 두 차례에 걸친 세계대전기의 권력 공백과 국제 협력의 붕괴를 연상시킨다.

두 번째는 이른바 '세계화 3.0'을 견인해왔던 글로벌 공급사슬 혹은 가치사슬의 위험이다.[11] 국제적으로 비용 절감과 효율 극대화에 치중한 공급사슬의 "과잉 최적화"에 대한 반성이 확산되고, 이제는 자연재해나 지정학적 갈등 등 예기치 못한 공급차질 위험의 관리나 각종 충격에 기민하게 대응할 수 있는 회복력의 확보에 관심이 집중

---

10 "Geopolitics after Covid-19: is the pandemic a turning point?", EIU, 1 April 2020.; "The Pandemic Will Accelerate History Rather Than Reshape It", Richard Haass, Foreign Affairs, 7 April, 2020. 등 참고.

11 "The Great Unwinding: Covid-19 and the regionalisation of global supply chains", EIU, 14 May 2020. 등 참고.

되고 있다. 동일본 대지진은 물론 일본의 수출 규제와 중국의 부품 공급 차질로 우리도 익히 경험한 문제다. 한 시대를 풍미했던 재고의 '적시관리(just in time)' 전략은 '비상사태관리(just in case)' 전략으로 돌아섰고, 세계의 공장인 중국에 대한 과도한 의존성 탈피라는 '차이나 플러스원(China+1)' 전략도 새삼 관심을 끈다.

이런 가운데 점차 자국의 생산 안보에 초점을 맞춘 방향으로 공급·가치사슬을 재편하려는 움직임이 부상하고 있다. 특히 글로벌 지정학적 갈등과 맞물려, 전략적 안보물자에 대한 관심이 커지면서 핵심 생산기반의 본국 회귀(reshoring)가 확산되고 각종 필수재의 자국 내 생산보호가 새로운 트렌드로 자리 잡고 있다. 코로나 확산에 따른 주요국의 국경 봉쇄나 이민 제한 등도 되돌리기는 쉽지 않아 보인다. 그 결과, 코로나 이전 세계화의 속도 둔화에 주목했던 '슬로벌라이제이션(slowbalization)' 대신에 아예 "지역화(Region-alization)"나 "현지화(Localization)" 등이 대세가 되고 있다. 혹자는 세계화와 현지화의 합성어인 "글로컬리제이션(Glocalization)"을 대안으로 제시한다.

한편, 뉴노멀을 넘어서 '넥스트노멀(Next Normal)'에 주목하는 국제 컨설팅사 맥킨지는 여기서 아시아의 저력에 주의를 환기시킨다.[12] 그동안 여러 차례 위기를 겪는 과정에서 확인된 아시아 기업과 경제의 역동성과 유연성을 기반으로 "코로나 사태가 '아시아 세기(Asian Century)'의 시작을 알리는 전환점이 될 수 있다."는 것이다. 특히 중국에 대한 일방적 의존을 넘어서 막대한 중산층의 성장과 역내 교역 및 경제협력의 증진에 기반한 아시아의 "역내 공급사슬(regional supply chain)"이 그 축이다. 실제로 '넥스트차이나'로 주목받는 베트남을 필두로, 글로벌 공급사슬의 脫중국 과정에서도 여전히 기착지는 주로 아시아다. 코로나 위기 대응은 물론 일본과 중국의 연이은 공급 차질에도 의연하게 대처해온 우리 경제 역시 수혜가 기대되는 대목이다.

아시아 세기는 앞에서 언급했던 기술혁신의 편향적 성격과 관련해서도 시사하는 바가 크다. 특히 근대 이전 동아시아의 강력한 경제력, 나아가 20세기 초중반 동아시아의 경제 기적을 설명하는 '근면(勤勉)혁명(Industrious Revolution)' 개념에 관심을 가질 필요가 있다.[13] 이에 따르면, 서구의 급속한 근대화를 이끈 '산업혁명(Industrial Revolution)'은 특유의 고숙련 및 자본 편향적 성격으로

---

12   "Could the next normal emerge from Asia?", McKinsey & Company, April 2020.
13   《베이징의 애덤 스미스》, 지오바니 아리기(강진아 역), 도서출판 길, 2009.

인해 사실상 소수의 생산력만을 확대시킨 "생산의 기적"인 반면, 동아시아의 성장을 이끈 근면혁명은 노동 집약적이고 에너지 및 자본 절약적인 산업화로 그 수혜를 다수에게 확산시킨 "분배의 기적"이었다. 아시아 세기가 기술 혁신의 분배적 측면과 조화를 거둘 가능성이 주목된다.

포스트 코로나 시대의 세계경제는 아직도 답보다는 질문이 많을 수밖에 없는 불확정적인 경로에 직면해 있다. 하지만 그야말로 시대의 변화를 제대로 읽고 효과적으로 추적하고 대응하려면, 우리에게 친숙한 최근의 과거보다는 20세기 초의 여러 악몽들(두 차례의 세계대전, 대공황, 스페인 독감 등)은 물론이고 보다 장기적이고 풍부한 역사적 안목에서 접근하여 생각하고 행동할 필요가 큰 시점이다.

한국경제:
V자형 회복, 그 이후는?

김영준

5월 5일 어린이날, 드디어 프로야구가 개막했다. 그러나 아이들의 함성 소리는 들을 수 없었다. 야구장 직관이 금지됐기 때문이다. 홈런이 나와도 과거와 같은 하이파이브를 볼 수 없었다. 선수들 간의 접촉을 최소화해야 했기 때문이다. 8일에는 최전선에서 코로나와 고군분투해온 김혜주 간호장교가 시구를 했다. 시구가 끝난 후 그녀는 "대구 파견이 끝나고 보니까 벚꽃이 만개해 있었다. 봄이 오고 여름이 오는지도 모르고 근무했다."고 밝혔다. 코로나19는 우리의 생활을 이렇게 변화시켰다.

22년 만에 마이너스 성장?

예상치 못한 코로나19의 충격이 한국경제를 강타하고 있다. 외출 기피로 외식, 유통, 관광, 항공 등의 서비스업이 큰 피해를 입었으며, 주요국이 셧다운에 돌입하면서 제조업 생산에도 차질이 발생한 것이다. 실제로 1/4분기(1~3월) 우리나라의 GDP 성장률은 금융위기 이후 가장 낮은 -1.4%(전분기 대비)에 그쳤다. 전문가들의 예상대로 2/4분기에도 마이너스 성장이 이어진다면 1997년 외환위기 이후 처음으로 2분기 연속 역성장을 경험하게 되는 것이다. 연간 성장률도 마이너스가 불가피해 보인다. IMF는 올해 한국경제 성장률 전망치를 기존의 +2.2%에서 -1.2%로 큰 폭 하향 조정했다.

다만 4월 중순 이후 신규 확진자 수가 안정세를 보이면서 경제활동이 재개된 것은 긍정적이다. 정부가 5월 6일 이후 방역 지침을 기존의 '사회적 거리 두기'에서 '생활 속 거리 두기'로 완화했으며, 이에 따라 회식, 모임, 공연 관람 등의 일상생활이 어느 정도 가능해졌다. 두 달 이상 연기되었던 학교의 등교 수업도 순차적으로 이루어졌다. 물론 경제활동이 재개되더라도 당분간은 코로나19 사태 이전과 같은 생활로 복귀하는 것은 불가능할 것이다. 이태원 클럽의 예처럼 예상치 못한 집단감염이 나타날 수도 있다. 다만 전염병 확산을 일정 수준 이하로 통제하는 데 성공했다는 것만으로도 의미가 크다고 할 수 있다.

V자형 회복 이후 본격화되는 구조조정

통상적으로 전염병 충격으로 추락했던 실물경제는 바이러스가 진정세를 보일 경우 V자형으로 회복되어왔다. 전염병에 대한 두려움이 사라지면서 생산과 소비활동이 빠르게 재개되었기 때문이다. 과거 사스와 메르스 유행 이후의 경기 회복 패턴 역시 V자형이었다.

그림 1 전염병 충격 이후의 회복 패턴 비교

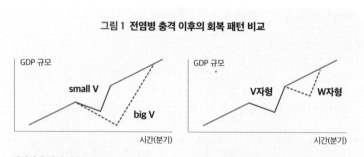

전염병 충격의 강도(small V→big V)
- 통상적인 전염병 충격은 V자형 회복 패턴 시현
- 하지만 충격의 강도에 따라 V자형 크기 상이
- 특히 글로벌 가치(공급·수요)사슬에 따른 충격 증폭

+@ 2차 유행 여부(V자형→W자형)
- 많은 경우 1차 유행보다 2차 유행이 더 심각
- 특히 성급한 대응 및 완화 시 2차 유행 발생 가능성
- 이 경우 회복세를 보이던 경기가 재하강(double-dip)

자료: 하나금융경영연구소

물론 전염병 충격의 크기를 비교할 때 이번 V자형의 기울기는 과거에 비해 상당히 완만할 전망이다. 또한 2차 전염병 유행에 따라 회복이 지연되거나 W자형 회복에 그칠 가능성도 배제할 수 없을 것이다. (그림 1)

경제가 회복세를 보일지라도 업종별 회복 속도에는 차이가 있을 것이다. 억압수요(Pent-up demand: 불경기 등으로 소비를 미루다가 경기가 회복되었을 때 구매하는 소비 행태)와 재난지원금 지급 등으로 도소매 및 외식업 등 내수 비중이 높은 서비스업의 회복이 가장 먼저 나타날 가능성이 높다. 특히 홈코노미(Home과 Economy의 합성어로 집을 다양한 활동을 위한 공간으로 활용)와 언택트 소비(Un+Contact의 합성어로 불필요한 대면 접촉을 최소화하는 소비)가 새로운 소비 행태로 정착될 것으로 기대된다.

반면 글로벌 노출도가 높은 철강, 자동차, 기계 등 제조업의 회복세는 코로나19의 세계적 유행이 지나간 이후에 나타날 것으로 보인다. 국제 유가가 폭락한 영향으로 정제마진이 급격히 악화된 정유업의 경우 유가가 반등하기 전에는 회복을 기대하기 힘든 상황이다. 또한 코로나19의 팬데믹화로 글로벌 이동 제한이 장기화되고 있어서 항공산업은 업황 정상화가 내년 이후로 지연될 가능성이 높아 보인다. 외국인 관광객에 대한 의존도가 높은 면세점과 숙박업의 회복 역시 글로벌 이동이 재개된 이후에 본격화될 것이다.

코로나19 사태는 산업 개편을 초래할 가능성이 높다. 코로나19의 확산으로 큰 타격이 예상되는 중소형 면세점, 저비용 항공사(LCC), 3성급 이하 호텔은 금융위기 이후 규제 완화와 한류 바람 등에 힘입어 시장에 진입한 후발 주자라는 공통점이 있다. 시장 진입 초기만 하더라도 이들은 특혜 의혹이 불거질 만큼 승승장구하면서 '황금알을 낳는' 산업으로 인식되기도 했다. 그러나 단기간 내 과다한 진입으로 공급 과잉이 심화되었고, 2015년 메르스, 2017년 중국의 사드(THAAD) 보복, 2019년 'No Japan 운동' 등이 연이어 터지면서 급격한 실적 악화를 겪게 되었다. 최근 코로나19의 확산은 '엎친 데 덮친 격'이 된 셈이다. 그러나 이번 사태가 없었더라도 구조적인 공급 과잉으로 후발 주자의 구조조정은 불가피했던 상황이다.

양적 성장 시대의 종말

코로나19 사태 이후의 경기 흐름은 매우 부진할 것이다. 2017년에

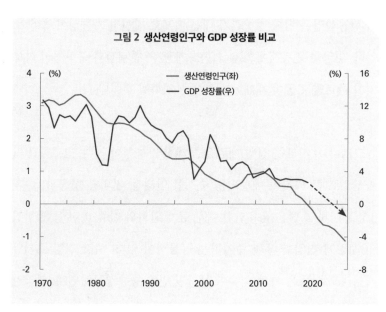

그림 2 생산연령인구와 GDP 성장률 비교

자료: 한국은행, 통계청

생산연령인구(만 15~64세 인구)가 감소세로 돌아서면서 양적 성장 시대가 종료되었기 때문이다. 과거에는 노동(L)이나 자본(K)과 같은 생산 요소의 투입이라는 물량 공세를 통해서 고성장을 이어갈 수 있었다. 그러나 보수적인 투자 관행, 해외투자 선호와 사이클이 짧은 IT 위주의 투자로 과거와 같은 대규모 설비 투자를 기대하기 어렵고, 빠른 생산연령인구의 퇴장으로 노동력 투입에도 한계가 분명해졌다. (그림 2)

양적 성장의 종료로 인하여 우리나라의 GDP 성장률은 최근 가파른 속도로 추락하고 있다. 금융위기 이후(2009~2019년) 한국의 GDP 성장률은 평균 3.1%에 그쳤다. 금융위기 이전인 2000~2008년 평균(5.8%)에 비해 절반 수준으로 떨어진 것이다. 특히 생산연령인구가 감소세로 돌아선 2017년 이후 GDP 성장률은 평균 2.6%에 불과했으며, 작년(2019년)의 GDP 성장률은 2%에 턱걸이했다.

양적 성장이 불가능해지면 새로운 성장 방법을 모색해야 한다. 대폭적인 기업체 인센티브 제공으로 투자를 유도하거나 외국인 이민을 받아들여서 노동 투입을 유지하는 것이 한 방법이 될 수 있다. 또는 정책의 우선순위를 성장에서 분배로 전환하여 성장의 품질을 높이는 방법도 생각해볼 수 있을 것이다. 다만 아직까지 한국경제는 이에 대한 사회적 합의에 도달하지 못한 상황이다. 이러한 상황에서 코로나19 사태는 성장에 더욱 부정적으로 작용할 수 있다. 코로나19 확산에 따른 주요국 공장의 연쇄적 셧다운으로 적시공급(Just-In-Time) 시스템의 취약점이 부각되었다. 이에 따라 기업은 재고 확대 및 소재/부품의 공급선 다변화로 위험을 분산할 유인이 확대되었으며, 이는 글로벌 밸류체인(GVC) 약화를 가져올 수 있다. 코로나19로 인한 글로벌 경기침체로 보호무역주의가 더욱 활개를 칠 가능

성도 높다. 결국 코로나19 사태는 생산의 효율성을 떨어트리고 성
장을 좀먹게 될 것이다.

경제가 어느 정도 성숙 단계에 진입하면서 나타나는 성장률의 둔
화는 자연스러운 현상이다. 그러나 최근 한국경제의 성장률 추락 속
도는 분명 매우 가파르다. 이와 같은 상황을 방치할 경우 성장 잠재
력이 훼손되고, 이로 인해 성장이 다시 둔화되는 악순환이 반복되면
서 일본의 '잃어버린 20년'과 같은 장기 저성장 국면에 빠질 우려가
높아지게 될 것이다. 장기 저성장 국면에 진입할 당시 일본은 세계
2위의 경제 대국이었다. 그러나 현재의 우리나라는 이제 겨우 선진
국 문턱에 진입한 수준에 불과하다. 따라서 한국경제가 장기 저성장
국면에 빠질 경우 90년대의 일본보다 더욱 심각한 상황과 대면할
가능성이 높다.

포스트 코로나, 저물가 현상이 심화된다

경제 성장세가 약화되면 자연히 물가상승률도 낮아진다. 수요가 둔
화되면서 물가를 끌어올릴 힘이 약해지기 때문이다. 실제로 우리나
라의 소비자물가(CPI) 상승률은 2013년 이후 7년 연속 2%를 하회

했으며, 작년에는 사상 최저인 0.4% 상승에 그쳤다.

코로나19 사태는 현재 나타나고 있는 저물가 현상을 더욱 심화시킬 가능성이 높다. 물가 상승 압력은 크게 수요 측면(demand-pull)과 비용 측면(cost-push)으로 나눌 수 있다. 수요 측면의 압력은 경기 활황으로 총수요가 확대되면서 나타나는 현상이고, 비용 측면은 임금 및 원자재 등 생산 비용이 상승하면서 물가 상승 압력이 높아지는 것이다. 코로나19로 인한 글로벌 경기 부진으로 총수요 측면의 인플레 압력 완화가 이어질 것으로 예상되고, 글로벌 수요 부진으로 원유 등 원자재 가격이 안정세를 보이면서 비용 측면의 인플레 압력도 크지 않을 것으로 판단되기 때문이다.

더 나아가서 최근에는 '디플레이션(Deflation)'이란 단어가 심심치 않게 언론에 등장하고 있다. 디플레이션이란 경제 전반의 상품과 서비스 가격이 지속적으로 하락하여 물가상승률이 '0(zero)' 이하로 떨어지는 현상을 의미한다. 물가가 하락한다는 점에서 일견 좋은 현상으로 생각할 수도 있다. 그러나 디플레이션이 발생하면 소비와 투자 활동이 정체되어 경기침체가 나타날 가능성이 높고, 정책적 대응도 마땅치 않다는 점에서 인플레이션보다 더욱 심각한 상황으로 간

주되기도 한다.

　'디플레이션' 하면 연상되는 나라가 바로 일본이다. 일본은 90년
대 초반부터 물가상승률이 둔화되기 시작했으며, 99년부터 물가 하
락이 본격화되어 10년 이상 '디플레이션' 상황이 이어진 바 있다. ①
부동산 등 자산의 버블 붕괴와 ② 지속적인 엔화 가치 강세 ③ 정책
당국의 미온적인 대응 등이 겹치면서 디플레이션의 악순환에 빠진

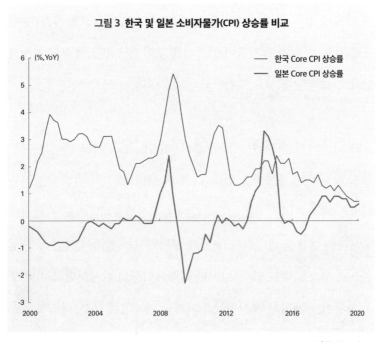

그림 3 한국 및 일본 소비자물가(CPI) 상승률 비교

자료: Bloomberg

것이다. 반면 우리나라의 경우 부동산 등 자산의 버블 규모가 크지 않으며, 통화 및 재정 정책 여력이 높아 정책 당국이 디플레이션 압력에 대한 대응이 가능하다. 따라서 디플레이션과 경기침체의 악순환이 반복되는 일본식 디플레이션이 우리나라에서 현실화될 가능성은 낮아 보인다. (그림 3)

보호무역과 코로나19로 수출입 위축

우리나라는 원자재와 중간재를 수입하여 이를 조립 가공한 후 자본재와 최종재로 수출하는 교역 구조를 갖고 있다. 따라서 주로 원자재의 가격 변동과 최종재 수요 변화에 따라 수출입이 반응한다. 한편 코로나19 사태는 원자재 가격과 최종재 수요에 모두 부정적으로 작용할 것이다. 주요 원자재인 국제 유가는 한때 마이너스(-)까지 폭락하는 등 90년대 이래 최저 수준으로 추락했으며, 최종재 수요 수입국인 미국 및 유럽은 최악의 경기 부진으로 최종재 수입을 축소할 가능성이 높기 때문이다. 코로나19 이후 보호무역주의가 확대될 것으로 예상되는 점도 수출입에 부정적이다.

소규모 개방 경제의 특성상 경상수지 흑자는 안정적인 성장을 위해 유지되어야 한다. 경상수지가 적자로 반전될 경우 외국인 투자 자금 이탈로 환율이 급등하면서 금융시장 및 실물경제에 충격을 가할 가능성이 높기 때문이다. 그러나 과도한 경상수지 흑자 역시 투자 감소 등 내수 부진 심화로 인해 나타난 저성장의 어두운 그림자라는 측면에서 긍정적으로만 보기는 어렵다. 이론적으로 경상수지 흑자는 총소득에 비해 내수(소비+투자)가 부족함을, 총저축에 비해 총투자가 부족함을 의미한다. 따라서 경상수지 흑자가 확대된다는 것은 내수, 특히 투자의 부진이 심화된다는 반증이 될 수 있다.

과거에는 경상수지 흑자가 확대될 경우 '기업 이익 증가 → 투자 및 고용 확대 → 내수 회복'의 경로와 '원화 가치 상승 → 상품 수지 악화'의 경로를 통해 경상수지의 불균형이 조정되었다. 그러나 최근에는 기업이 국내보다 해외 투자를 선호하고 환율의 가격 조절 능력이 약화됨에 따라 경상수지 흑자 및 내수 부진이 장기화되고 산업 간 양극화가 심화될 가능성이 높다.

'금리는 경제의 체온계'라는 말이 있다. 경제가 과열되면 금리가 오르고, 반대로 경제가 침체되면 금리가 떨어지기 때문이다. 따라서 포스트 코로나 시대의 시장 금리는 꾸준히 하락 압력을 받을 것

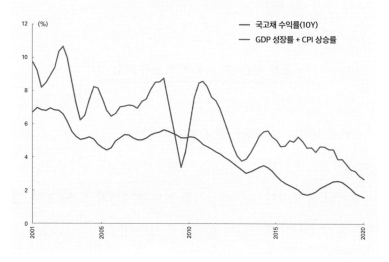

그림 4 GDP 성장률 및 CPI 상승률과 국고채 수익률 비교

12 (%)

국고채 수익률(10Y)
GDP 성장률 + CPI 상승률

10

8

6

4

2

0

2001   2005   2010   2015   2020

자료: Bloomberg

이다. (그림 4) 다만 단기적으로 크게 늘어난 채권 발행 물량이 수급
상 부담으로 작용할 수 있다. 코로나 사태 이전부터 정부는 경기 부
양을 위한 국채 발행 확대를 예고했었다. 이에 따라 2020~2023년
예상 국고채 순증 규모는 80조 원으로 예년(2011~2019년 평균 34조
원) 대비 2.5배 이상 확대될 계획이었다. 채권 발행 물량이 급증할
경우 과잉 공급으로 채권 가격이 하락(=금리 상승) 압력을 받을 수밖
에 없다. 다만 경기 부양을 위해 채권을 발행하는데 이로 인해 금리
가 상승하면 정책 효과가 희석될 수 있다. 따라서 한국은행이 발행

된 채권을 소화할 가능성이 높다. 이렇게 된다면 과잉 공급 우려는 기우에 그칠 것이다.

소득 재분배와 복지 확대 요구 커질 것

구조적인 저성장 장기화에 따라 정부의 역할이 확대될 것으로 전망된다. 성장이 둔화되고 양극화가 심화됨에 따라 분배에 대한 관심이 커지고 복지 확대 요구가 강화될 것으로 예상되기 때문이다. 실제로 우리나라의 GDP 대비 사회복지 지출 비중은 11.1%(2018년 기준)로 OECD 평균(20.1%)의 절반 수준에 머물고 있는 상황이다. 재정 여력도 충분하다. 우리나라의 GDP 대비 정부 부채 비율은 37.9%(2018년 기준)로 OECD 35개국 중 26위에 불과하다. (그림 5) 실제로 IMF, OECD 등 국제기구는 "한국이 상당한 재정적 여력을 보유하고 있다."면서 우리나라 정부에 재정 정책을 과감하게 사용하라고 지속적으로 권유하고 있다.

그동안 우리 정부는 재정 정책에 소극적인 모습을 보여왔다. 이에 따라 우리나라가 주로 사용한 경기 부양 카드는 금리 인하 등 통화 정책이었다. 외환위기 트라우마로 균형 재정에 대한 강박이 심하고

그림 5 주요국 GDP 대비 정부 부채 비율 비교

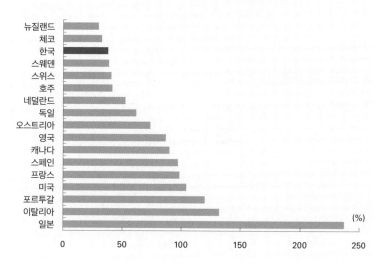

자료: IMF

빠른 인구 고령화 등으로 미래의 재정 수요에 대한 우려도 컸기 때문이다. 그러나 정책 금리가 역사적 저점에 도달하고 가계 부채 확대와 자본 유출 우려 등으로 한은의 추가 금리 인하 여력이 제한적인 상황이다. 금리 인하에 따른 부동산 가격 상승과 가계 부채 확대 등 부작용도 우려된다. 따라서 앞으로는 재정 정책의 역할이 보다 중요해질 가능성이 높다.

사실 정부의 타이트한 재정 건전성 관리가 한국의 신용등급에 긍정적으로 작용한 것은 사실이다. 하지만 지금처럼 민간부문의 투자가 약화되고 있는 경우라면 재정 지출 확대의 구축 효과(정부 투자 증가로 민간기업 투자가 감소하는 현상)와 시중 금리 상승 우려도 높지 않은 상황이다. 또한 소극적인 정책 운용으로 성장 잠재력이 훼손될 경우 세수(재정 수입)가 목표에 지속적으로 미달하면서 장기적으로 재정 건전성을 유지하기 어려워질 수 있다는 점도 고려해야 할 것이다.

2장

언택트 기반의
서비스 산업이 뜬다

홈코노미: 건강관리에 힘쓰면서 집에서 먹고 일하고 공부한다

김유진

2020년 봄, 식탁으로 출근해 소파로 퇴근하는 일상이 낯설지 않다. 아침 8시 온 가족은 식탁에 모여 간단하게 끼니를 때우고 각자에게 배분된 비타민을 챙겨 먹는다. 아빠는 9시쯤 집 안 서재에서 노트북을 켜는 것으로 하루 업무를 시작하고, 아이들은 TV 온라인 클래스로 선생님을 만난다. 엄마는 온라인으로 신선식품을 구입해 가족들의 삼시세끼를 챙기는 틈틈이 후기가 좋은 배달음식과 가정간편식(HMR)도 검색한다. 코로나바이러스를 피해 집 안에서 먹고 자고 일하고 공부하면서 우리의 일상이 변하고 있다.

코로나 임팩트로 새로운 삶이 시작된다

코로나19 확산 방지를 위한 '사회적 거리 두기' 캠페인으로 일상생활의 패턴이 변하면서 실물경제가 큰 타격을 받고 있다. 그러나 큰 위기는 역설적으로 특정 산업이 성장할 수 있는 계기가 될 수 있다. 과거 14세기 흑사병으로 유럽 인구의 1/3이 희생되면서 인건비가 상승하자 유럽의 봉건제도가 붕괴되고 교역과 상업이 발달하였는데, 이는 르네상스 시대의 기반이 되었다. 또한 16세기 중남미 지역에서는 천연두로 원주민의 90%가 사망하면서 플랜테이션 농업이 발달하였고, 20세기 초에는 스페인 독감으로 자본 집약 산업이 성장하면서 오늘날 대량 생산 체제의 근간이 되는 자동차 혁명이 발생하였다.

2020년 코로나19로 전 세계적인 공급 충격과 소비 위축이 우려되지만 특정 분야는 새롭게 주목받으면서 성장의 발판을 마련하는 계기가 될 수 있다. 재택근무와 휴교로 과거 경험하지 못했던 일상을 살면서 경제활동의 패턴이 급변하고 있는데, 이는 특정 산업이 부각되는 기회가 될 것이다. 실제 많은 사람들이 집 안에서 온라인으로 생산 및 소비활동을 하고 있고, 이와 같은 라이프스타일의 변화는 기존 오프라인 중심의 산업 생태계를 온라인으로 이동시키고 있다. 중장기적 관점에서도 밀레니얼 세대의 전유물로 여겨지던 언택트 문화가 코로나 이후 전 세대에 걸쳐 확산되면서 주요 산업이 온라인 중심으로 재편되는 등 디지털 경제가 가속화될 전망이다.

포스트 코로나 시대, 성장이 기대되는 틈새 산업은 건강에 힘쓰면서(헬스케어: 건강 기능식품, 원격 의료), 집에서 먹고(음식료: 온라인 판매 채널, HMR), 일하고(재택근무: 홈오피스 시장), 공부하는(온라인 교육: 에듀테크) 것과 관련되어 있을 것이다.

건강 기능식품: 셀프 메디케이션 소비의 증가

2020년 봄, 코로나19로 인한 확진자 및 사망자 수가 가파르게 늘고 있다는 기사를 매일 언론을 통해 접하면서 사람들은 스스로의 건강에 대해 염려하기 시작했다. 당연하게 여겨온 일상생활의 범위가 갑자기 극도로 제한되면서 우울감을 느끼는 코로나 블루가 만연한 가운데, 남녀노소를 막론하고 면역력 강화 등 일상적인 건강 관리에 대한 관심이 더욱 커지고 있다. 즉, 건강할 때 스스로 건강을 챙기는 셀프 메디케이션(self medication)이 중시되고 있는데, 그 대표적인 예가 건강 기능식품에 대한 수요 폭증이다. 드럭스토어 롭스에 따르면 코로나19가 국내에 확산되기 시작한 지난 1월 17일부터 2월 11일까지 온라인 몰의 건강 기능식품 판매가 전년 동기 대비 579% 늘었으며, G마켓은 4월 건강 기능식품의 판매량이 전년 동기 대비 46% 증가했다고 밝혔다. 과거 전염병 확산 시에도 건강 중시 풍토가 확산되면서 건강 기능식품 매출이 증가한 선례가 존재하는데, 2009년 신종 플루와 2015년 메르스 발생 당시 국내 건강 기능식품의 매출 성장률은 전년 대비 3~4% 정도 상승한 것으로 보고되고 있다. (그림 1과 2)

포스트 코로나 시대, 국내 건강 기능식품 시장은 ① 초고령화 사회 진입에 따른 건강 중시 트렌드 확산 ② 젊은 세대의 수요 확대 ③ 정부의 건강 기능식품 시장에 대한 규제 완화 등의 영향으로 성장이 가속화될 전망이다. 2000년 한국의 고령 인구 비율은 7.2%로 고령화사회(고령 인구 비율 7%)에 진입하였고, 2017년 고령사회(고령 인구 비율 14%)를 지나서 2026년에는 초고령화사회(고령 인구 비율 20% 초과)로의 진입을 앞두고 있다. 이는 건강 기능식품의 주력 소비층인 노년 인구 수와 비중이 지속적으로 늘 수밖에 없다는 것을 의미한다.

그림 1 국내 건강 기능식품 시장 규모 및 식품산업 내 비중

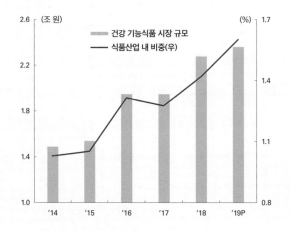

자료: 식품의약품안전처

그림 2 건강 기능식품 품목별 매출 순위 및 비중 (2019년 기준)

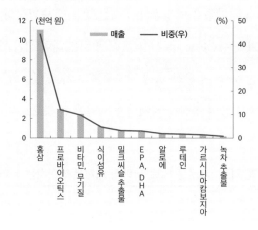

자료: 식품의약품안전처

또한 연령별·기능별로 다양한 제품이 출시되면서 젊은 세대의 건강 기능식품 수요를 자극하고 있는데, 특히 한국의 낮은 행복지수가 건강 기능식품에 대한 소비 욕구를 배가시킬 것으로 예상된다. 한국인은 긴 근로 시간 등에 의한 과도한 스트레스로 2018년 기준 주관적 건강 인지율(자신이 건강하다고 생각하는 정도)이 OECD 국가(평균 67.9%) 중 최하위(29.5%)에 랭크되어 있다. 국민 10명당 7명이 자신의 건강을 부정적으로 인식하고 있다고 할 수 있다.

정부의 정책 방향 또한 긍정적이다. 건강 기능식품은 일반 식품과 달리 식품위생법상 동물실험, 인체적용시험 등의 과정을 거쳐 인체에 대한 유용한 기능을 인정받아야 생산 및 판매가 가능하다. 최근 몇 년간 정부가 건강 기능식품 시장(제조, 판매)에 대한 허가 과정과 기간을 단축하는 등 규제 완화 정책 기조를 유지하고 있는데, 이 또한 국내 건강 기능식품의 성장을 지지하는 요인이 될 것으로 기대된다.

원격 의료: 새로운 의료 서비스 체계로 변화하는 밑거름

코로나19 확진자 수가 가파르게 늘면서 기존 의료 시스템하에서 환자를 감당하기 어려워지자 미국 등 주요 국가에서는 원격 진료를 확대 허용하고 있다. 미국 식품의약국(FDA)은 코로나19 팬데믹 기간 동안 원격 진료에 대한 진입 장벽을 낮추고, 특정 모니터링 장치에 대한 규제를 일시적으로 완화(스카이프 및 아이폰의 페이스타임을 활용한 의료 행위를 허용)했다.[1]

국내에서도 코로나19 극복을 위해 정부가 2월 24일부터 한시적으로 환자가 직접 방문하지 않고도 전화 상담과 처방을 받을 수 있는 원격 진료(전화 진료)가 허용되었다. 실제 코로나 기간(2월 24일~5월 초) 중 의료 기관의 전화 진료가 17만 건 정도인 것으로 집계되었다. 또한 코로나 사태 이후 특정 병원은 보안 솔루션 전문 기업과 원격 의료를 구현할 플랫폼 공동 개발을 위한 업무 협약을 체결하는 등 비대면 의료 인프라 구축을 위해 적극적인 행보를 보이고 있다.

그러나 국내의 경우 의료법상 원격 의료가 불법(대면 진료 원칙)이다. 의료인 간의 원격 자문, 해외 환자에 대한 의료 관광, 일부 도서

---

[1] 원격 의료란 휴대폰 등 통신기기를 통해 이뤄지는 의료 행위로 관련 시장은 원격 모니터링, 원격 진료 상담, 원격 의료 교육, 원격 의료 훈련, 원격 수술 등으로 구성된다.

지역 환자에 대해서만 제한적으로 허용되고 있다. 의료계가 원격 진료를 의료 민영화 과정으로 인식하고, 의료 전달 체계 유지 및 안전성(오진 가능성), 대형 병원 쏠림 현상(동네 의원 및 지역 중소 병원 피해) 등을 이유로 원격 진료에 반대하기 때문이다. 실제 원격 의료의 경제성과 안정성에 대한 정부와 의료계 및 시민단체의 주장이 첨예하게 대립하고 있어 관련 법안 개정 등의 환경 조성이 쉽지만은 않은 상황이다. 이와 같은 국내 의료법상의 한계로 최근 국내 헬스케어 업체가 미국, 일본 등과 같이 원격 의료 시장이 허용된 해외 시장으로 진출하는 사례도 다수 발생하고 있다.

미국에서는 1997년부터 원격 의료가 허용되어 49개 주에서 메디케이드(Medicaid) 보험이 적용되고 있으며, 최근 진료 6건 중 1건이 원격으로 진행되는 것으로 파악된다. 영국과 프랑스도 각각 2008년, 2009년부터 원격 상담, 진단 등의 모니터링 서비스를 허용하고 있다. 이웃 나라 일본은 2015년 원격 의료를 전면 시행했고 2018년부터는 건강보험까지 지원하는 등 기술 변화에 맞춰 지속적으로 제도를 개선한 결과 현재 1,000여 개 이상의 의료기관이 원격 진료 서비스를 제공 중이다. 상대적으로 늦은 중국 또한 2016년 원격 의료 시스템이 도입된 후 시장이 빠르게 변하는 분위기다. 시장 데이터 조사 업체 '스타티스타(Statista)'에 따르면 전 세계 원격 의료 시장 규모는 2019년 305억 달러에서 2021년 412억 달러로 연평균 16% 이상 성장할 것으로 예상된다.

비대면 의료 서비스의 필요성은 코로나19가 던진 화두 중 하나다. 코로나19로 촉발된 원격 진료에 대한 경험은 새로운 의료 서비스 체계의 밑거름이 될 것으로 기대된다. 특히 4차 산업혁명 시대, 시간과 장소의 제약이 존재하는 기존 '의료 기관(병원) 중심'의 의료 환경이 ICT 기술 발전을 바탕으로 언제 어디서나 서비스를 제공받는 '환자 중심'으로 전환되고 있다는 점은 거부할 수 없는 미래다. 전 세계적인 의료 산업의 트렌드 변화 속에 정부가 국내 스마트 헬스케어 산업 발전을 위한 정책적 한계를 인지하고,[2] 관련 산업 육성을 위한 개선 방안을 모색 중인 점도 고무적이다. 현 정부는 2019년도 경제 정책 방향 내 '스마트폰을 활용한 비대면 모니터링과 건강 관리 서비스 활성화 사업'을 핵심 규제 개혁 과제로 포함시켰고, 최근 코로나 사태 이후에는 '뉴딜 프로젝트' 중 하나로 비대면 의료에 대해 긍

---

[2] 국내 헬스케어 시장 성장을 저해하는 정책적 요인으로 의사-환자 간 원격 의료 금지, 의료 기관 간 의료 데이터 교환 제한 , 의료 기기에 대한 복잡한 허가 과정 등이 언급되고 있다.

정적인 입장에서 검토하고 있다고 발표하였다.

음식료의 판매 채널이 온라인으로 이동

코로나19의 충격으로 사치품과 내구재 소비가 다소 축소되었지만 의식주 중 특히 먹는 것에 대한 수요는 견고하다. 건강을 지키기 위해 더 잘 먹어야 하기 때문이다. 코로나19 여파로 오프라인 활동이 제한되면서 언택트 소비문화가 확산되고 있는 가운데, 경기 탄력성이 매우 낮은 음식료 업계 내 온라인 채널을 통한 판매가 크게 늘고 있다. 2~3월 온라인 유통시장이 전년 동기 대비 두 자릿수의 성장률을 달성하였고, 특히 음식료품 관련 시장은 70~80%대의 기록적인 성장률을 보여주었다.

코로나19 이전에도 국내 음식료 시장은 오프라인 판매가 감소하고, 온라인 판매가 증가하면서 관심 채널이 이동 중이었다. 80년대 이후 지속적으로 성장해온 대형 마트 내 식품 판매가 2012년부터 감소 추세인 반면, 온라인 식품 거래액이 크게 증가하면서 음식료 제품의 온라인 판매 비중은 2015년 5%에서 2019년 12%까지 확대되었다(식품 채널별 매출 성장률: 온라인 > 편의점 > 백화점 > 대형 마트). 온라인 식품 부문의 경우 초기 투자 부담이 크고 평균 판매 단가가 높지 않아 유통 기업의 온라인 채널 확대 경쟁에서 소외되어 있었으나, 최근 신수요 창출 과정에서 시장이 급성장하는 모습을 보이고 있다.

포스트 코로나 시대에도 국내 온라인 음식료 시장은 ① 고객층 확대에 따른 소비 트렌드 변화 ② 배송 시설, 택배, 배달 앱 등의 기술 발달로 안정 성장을 지속할 것으로 기대된다. 국내 1인 가구 및 맞벌이 가구가 가파르게 늘고 있는 가운데, 쇼핑 시간 단축 및 편의성의 장점이 부각되면서 온라인 채널의 주력 소비층이 확대될 것이다. 또한 재고 관리 능력 및 물류 시스템 개선으로 신선식품의 관리가 용이해지고, 택배 시장 발달로 배송 납기일이 단축되면서 취급 가능한 식료품의 범위가 확대되는 점도 온라인 채널의 성장을 지지한다. 그리고 일반 소비재의 온라인 침투율(전체 판매 중 온라인 판매 비중)이 20%대 중반인 데 반해 식품의 온라인 침투율은 10%대로 여전히 낮아 향후 잠재 성장 가능성이 높은 것으로 평가된다.

가정간편식: 음식료 산업의 슈퍼 루키로 성장 중

개학 연기, 재택근무 등으로 온 가족이 집에 머무르는 시간이 늘어나면서 가정간편식(HMR: Home Meal Replacement) 소비가 가파르게 늘고 있다. HMR이란 기존 가정식의 대체 식품으로 음식 재료가 손질되고 어느 정도 조리된 상태에서 가공, 포장되어 판매되기 때문에 데우거나 끓이는 등의 단순한 조리 과정만 거치면 음식이 완성되는 제품이다.[3] 국내 대표적인 음식료 제조 기업인 CJ제일제당과 대상은 2~3월 중 국내 HMR 제품(햇반 10%, 쿡킷 100%, 국·탕·찌개류 36% 등)의 판매 증가율이 두 자릿수를 기록했다고 발표했다. 1970년대 3분 카레로 시작된 HMR 제품은 다양한 제품이 출시되며 단순한 인스턴트식품의 개념을 넘어 최근 집밥의 대세로 부상 중이다. (그림 3과 4)

포스트 코로나 시대, HMR은 합리적 소비를 중시하는 소비자의 니즈를 충족시키면서 국내 음식료 시장의 중심축으로 자리매김할

---

3   HMR 상품은 조리 방법에 따라 RTE, RTH, RTC, RTP로 구분되며, 이용 용도에 따라 주식(밥, 면류 등)과 부식(국, 탕, 반찬류 등), 간식(과일, 과자, 음료 등)으로 구분된다. 조리 없이 바로 취식이 가능한 상품(RTE: Ready To Eat)부터 식재료를 요리하기 편하게 세정하고 소분한 상품(RTC: Ready To Cook)까지 제품 구성이 매우 다양하다.

그림 3 국내 HMR 시장 규모 추이

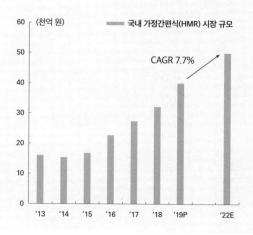

자료: 한국농수산식품유통공사

그림 4 코로나19 이후 식습관의 변화

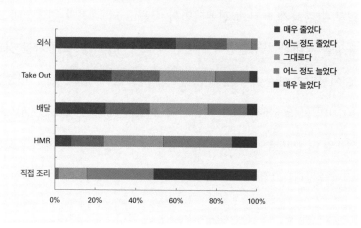

자료: CJ제일제당

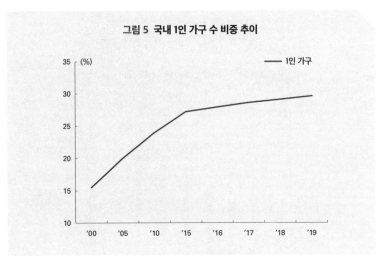

그림 5 국내 1인 가구 수 비중 추이

자료: 통계청

것으로 기대된다. 1인 가구 및 맞벌이 가정 비중이 지속적으로 늘고,
인구 고령화가 빠르게 진행되면서 식품 조리 과정의 편리성과 효
율성을 겸비한 가정간편식에 대한 수요가 지속적으로 증가할 것으
로 예상되기 때문이다. 통계청 자료에 따르면 국내 1인 가구 비중은
2019년 29.8%에서 점차 확대되어 2028년에는 전국 모든 시도에
서 1인 가구 비중이 가장 커지고, 2047년에는 37.3%를 차지할 것으
로 예측된다. (그림 5)

또한 뉴노멀 시대로의 진입으로 경제 성장률이 둔화되고 있어 고

가의 외식을 대체하면서도 가성비가 높은 간편 내식에 대한 니즈가 확대될 것으로 예상된다. 한국의 경우 1인당 HMR 소비액이 미국, 영국 등의 선진국 대비 낮은 편(미국, 영국, 스웨덴의 1/3 수준)으로 높은 성장 잠재력을 보유한 것으로 평가된다. 한국은 소비자의 강한 브랜드 충성도와 가족 단위의 따뜻한 식사를 중시하는 문화로 선진국 대비 HMR 시장의 발달이 매우 더딘 편이었다. 그러나 최근 편의성뿐만 아니라 친환경적인 패키징, 합성첨가물 및 보존료 무첨가 등의 다양한 소비자 니즈가 반영되면서 HMR 시장의 범주가 확대되는 등 음식료 산업의 슈퍼 루키로 성장 중이다. 특히 최근 밀키트[4]를 포함한 신선식품 분야의 HMR 제품이 인기인데, 코로나19를 계기로 주요 소비층이 전 세대로 확장되면서 HMR 시장의 성장이 더욱 견고해질 것으로 기대된다.

재택근무: 홈오피스 시장의 성장이 기대된다

코로나19 팬데믹 이후 출근을 위해 새벽같이 일어나 분주하게 준

---

[4] 밀키트(meal kit)란 요리에 필요한 손질된 식재료와 딱 맞는 양의 양념을 세트로 구성해 제공하는 제품으로 쿠킹 박스, 레시피 박스라고도 불린다. 광의의 HMR에 포함되는 밀키트는 신선한 재료를 직접 요리해 외식보다 저렴하면서도 건강한 식사를 제공한다는 장점을 바탕으로 최근 1인 가구, 맞벌이 가구를 중심으로 인기를 끌고 있다.

비하고, 아이를 기관에 맡긴 후 회사로 달려가야 했던 아침의 풍경이 변했다. 출근 대신 재택근무 명령이 떨어진 기업에 다니는 직장인은 집에서 가족과 함께 아침을 맞이하고, 9시쯤 집 안 서재에서 노트북을 켜는 것으로 하루 업무를 시작한다. 코로나19라는 극단적인 상황에서 전 세계적으로 재택근무가 빠르게 확산되자, 국내에서도 2월 중순부터 업종 구분 없이 사무직 직원을 중심으로 재택근무 대열에 동참했다. 잡코리아와 알바몬의 조사에 따르면 직장인 10명 중 6명이 코로나19 사태로 재택근무를 경험한 것으로 나타났다.

한국의 경우 전자기기, 전자통신(IT) 등과 같은 인프라 기술이 발달했음에도 불구하고, 대면 업무가 의사소통 및 인력 관리 측면에서 익숙하고 쉽다는 선입견 때문에 재택근무를 기피해왔다. 그러나 코로나19로 촉발된 재택근무의 경험은 삶과 일에 대한 고정관념을 바꾸고 일하는 방식에 대한 가치관과 문화를 변화시킬 것으로 기대된다. 최근 국제노동기구(ILO)는 코로나19 사태 이후 '현장 노동의 종말'을 예고하기도 했다. 즉, 코로나19발 경험을 토대로 재택근무의 생산성과 효율성이 확인된다면 향후 재택근무를 포함한 비대면 근무가 보편적인 근무 형태로 인식될 수 있을 것이다. IBM 기업가치연구소가 코로나19 이후 미국 내 직장인을 대상으로 조사한 결과

응답자의 절반 이상이 코로나19 이후에도 재택근무를 희망하며, 재택근무의 장점으로 공중보건, 생산성 향상, 업무 집중, 비용 절감 등을 꼽았다. 국내에서도 재택근무 시 업무 효율성이 유지 또는 상승한다고 답한 실무 직원 비중이 절반 이상인 64%로 조사되고 있다.

포스트 코로나 시대, 대기업과 외국계 기업의 전유물로 여겨져온 재택근무가 확대될 것으로 예상된다. 더 나아가 고정된 근무 장소에서 정해진 업무 시간 동안 일하는 방식 대신 정보통신 기기 등을 활용하여 장소나 시간에 구애받지 않고 일하는 스마트 워크에 대한 관심이 커질 수 있다. 이는 IT 인프라를 활용한 재택근무, 이동근무, 유연근무, 스마트워크 센터 근무 등을 포함하는 개념이다. 재택근무를 포함한 온라인 가상 공동체에 대한 개념이 언급된 것은 20년이 넘었으며, 오랜 시간 지지부진한 모습을 보이다가 2020년 코로나19 사태로 빠르게 현실화될 것으로 기대된다. 즉, 코로나19가 업무 방식의 패러다임을 획기적으로 바꾸는 촉매제가 된 것이다. 이에 따라 가정 내 근무 환경 조성을 위한 사무용품(사무용 가구, IT 기기)의 수요가 가파르게 늘고, 중장기적으로는 원격 업무 확대로 커뮤니케이션 소프트웨어, 클라우드, 사이버 보안, 5G 인프라, 스마트 팩토리 관련 서비스 시장의 성장이 기대된다. 특히 화상회의 솔루션 및 플

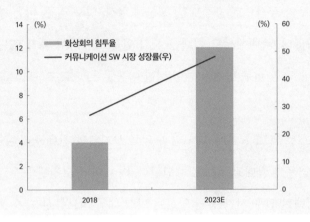

그림 6 전 세계 재택근무 관련 서비스 시장 전망

자료: Frost and Sullivan, Statista

랫폼, 사이버 보안, 5G 인프라 기업의 수혜가 예상된다. (그림 6)

에듀테크: 코로나19로 날개 달고 비상한다

2020년 3월 2일 한국의 초·중·고교 학생 545만 명은 등교하지 못했다. 코로나19 확산을 막기 위한 정부의 '사회적 거리 두기' 정책에 따라 교육부가 개학을 기존 3월 초에서 2개월 이상 연기하였기 때문이다. 또한 정부는 전국의 학원 및 교습소에 대해서도 강력한 휴원 권고 지침을 내렸다. 학원의 경우 실제 코로나19가 본격적으로 확산되기 시작한 2월 중순부터 전국적으로 휴원이 확대되었고, 2~3월 개원 후에도 코로나 공포로 학생들의 실제 등원율은 매우 낮은 것으로 파악된다. (그림 7)

이와 같이 공교육과 사교육이 동시에 멈추자 영유아 및 청소년 자녀를 둔 가정에서는 집에서 학습이 가능한 에듀테크(EduTech)로 눈을 돌렸다. 교육열이 높은 대한민국 엄마들은 기약 없는 학습 공백을 만회할 방법을 탐색했고, 대안책으로 에듀테크가 선택된 것이다. 에듀테크(EduTech)란 교육(Education)과 기술(Technology)의 합성

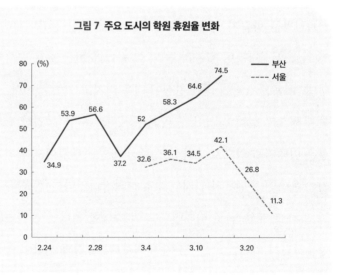

그림 7 주요 도시의 학원 휴원율 변화

자료: 서울시 교육청, 부산일보

어로 첨단기술(또는 기기)과 연계하여 이루어지는 교육(학습)을 의미한다. 기존 전자책 수준의 e러닝 학습과 학습 알고리즘, 데이터 기반의 평가·분석, 증강현실 등의 기술이 융합되면서 참여자 간 쌍방향 소통이 가능한 교육 체계이다. 언제 어디서나 비대면 방식의 온라인 기반 수업이 가능하기 때문에 바이러스 위험을 피해 아이들이 집에서 안전하게 학습할 수 있다는 것이 장점이다.

최근 몇 년간 국내 사교육 시장은 온라인을 중심으로 확대되어 왔다. 2019년 일반 교과 사교육 형태별 지출 변화(2009년 대비 연평균 성장률)를 살펴보면 개인 과외 -0.9%, 그룹 과외 0.5%, 학원 수강 2.9%, 방문 학습지 -3.4%, 유료 인터넷 및 통신 강좌 8.8%로 온라인 학습의 성장률이 월등히 높다. 이에 더해 최근 코로나 사태로 인터넷 및 통신 강좌에 대한 관심이 더욱 커지고 있는 것이다. 기약 없는 휴원으로 실적 타격이 큰 학원은 라이브 수업, 동영상 강의 등과 같은 비대면 수업으로 전환했고, 특히 대형 프랜차이즈 학원의 경우 기존 온라인 콘텐츠와 연계된 수업을 확장하였다. 기존 학습지 업체(웅진, 대교, 교원 등)도 비대면 교육이 가능한 온라인 콘텐츠를 적극 활용하면서 위기를 극복하고자 노력했다. 그 결과 온라인 수업을 제공하는 메가스터디교육, 대교스피킹, 윤선생의 2~3월 신규 회원 수가 2배 이상 증가하였고, 기존 회원의 온라인 서비스 이용률도 크게 늘었다고 한다. 이와 같은 변화에 대해 교육계 등 일각에서는 원격교육의 문이 본격적으로 열렸다고 평가하기도 한다.

코로나19로 매력도가 높아진 에듀테크 시장은 중장기적으로도 안정 성장을 지속할 전망이다. 전 세계적으로 ICT(AI, AR·VR, IoT 등) 기술과 융합된 에듀테크는 4차 산업혁명 시대, 실감화·연결화·지능화·융합화의 교육 트렌드하에 교육산업 내 신성장 동력으로 평가된다. 스마트폰과 태블릿 PC 등 모바일 기기에 친숙한 디지털 네이티브(디지털 원주민)가 주요 학령층으로 등장하면서 에듀테크 시장의 성장을 지지하는 가운데, 블렌디드 러닝(blended learning: 오프라인 수업 시 온라인 학습을 병행)이나 플립 러닝(flipped learning: 온라인 선행학습 이후 오프라인에서 토론) 등의 온·오프라인 혼합 교육 방식이 적극 활용될 것이다. 궁극적으로 향후 창의적인 인재 양성이라는 목표하에 1인당 교육비 상승 및 평생교육과 자기계발 니즈 확대로 ICT 기반의 에듀테크가 교육 산업의 성장을 주도할 것으로 기대된다. 전 세계 에듀테크 시장은 2018년 1,520억 달러에서 2025년 3,420억 달러로 2배 이상 성장하면서 전체 교육 시장 내 비중도 확대될 것으로 예상된다.

한국에서도 ① 정부의 적극적인 지원 정책(스타트업 지원) ② 수요 자층 확대(평생교육 및 자기계발 니즈 증가) ③ 높은 가성비(1인당 교육 비가 오프라인 대비 저렴) 등의 요인을 바탕으로 에듀테크 시장은 안 정적인 성장을 지속할 것으로 기대된다. 향후 디지털 교과서 도입 등 스마트 디바이스 보급으로 에듀테크 시장의 고성장이 기대되는 데, 현재 국내 학령 인구(유치원부터 고등학교의 학생으로 만 3~17세 기 준)의 인터넷 교육 참여율이 10% 미만인 것을 고려하면 성장 잠재 력이 높은 것으로 평가된다. 또한 최근 평생직장의 의미가 퇴색되면

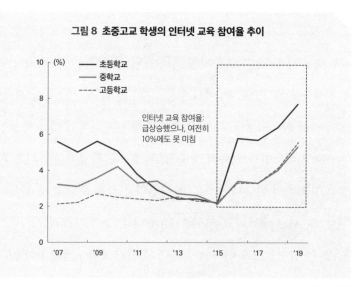

그림 8 **초중고교 학생의 인터넷 교육 참여율 추이**

인터넷 교육 참여율:
급상승했으나, 여전히
10%에도 못 미침

자료: 교육부

서 중장년층의 재교육 수요가 확대되고, 52시간 근무제 도입 후 워라밸 문화 속에 자기계발 관련 인터넷 강의에 대한 수요가 급증하는 것도 에듀테크 시장의 저변을 확대하고 있다. 또한 국내 경제 성장률이 둔화되고 있어 기존 오프라인 교육 대비 가성비가 높은 에듀테크 시장의 강점이 더욱 부각될 것으로 기대된다. (그림 8)

집콕 생활과
뜻밖의 K-문화 산업의 부흥기

김유진

코로나 팬데믹 이후 집 밖은 위험하고 집 안은 심심하기만 하다. 그러나 오래 걸리지 않아 우리는 집 안에서도 즐길 것이 많다는 것을 깨달았다. 심심해서 만들어본 달고나 커피는 집콕 생활의 무료함을 달래주었고, 극장 대신 거실 소파에서 보는 OTT 드라마와 웹툰의 재미도 쏠쏠하다. 연초 공연 취소로 아쉬움을 남겼던 방탄소년단(BTS)은 방구석 콘서트를 통해 전 세계의 더 많은 아미들을 찾아왔다. 세계 문화는 우리의 손 안에 있는 스마트 기기를 통해 연결되고 있으며, 코로나19를 계기로 K-문화는 그 중심에 한발 더 다가섰다.

코로나19가 불러온 홈 루덴스 문화의 확산

코로나19로 '사람이 많은 곳은 위험하다'라는 인식이 높아지면서 집에서 놀고 즐기는 홈 루덴스 문화가 확산되고 있다. 홈 루덴스 (Home Ludens)란 호모 루덴스(Homo Ludens: 놀이하는 인간)에서 파생된 말로, 밖에서 활동하지 않고 주로 집에서 놀고 즐길 줄 아는 사람을 가리키는 신조어이다. 집 안에 갇혀 있다는 것에 스트레스를 받기보다 나만의 안전한 공간에서 영화 감상, 운동, 요리 등의 취미를 즐기는 사람을 의미한다. 코로나19 확산 방지를 위한 '사회적 거리 두기' 분위기 속에서 삶을 즐기고자 하는 인간의 욕구를 충족시키는 방안으로 홈 루덴스 문화가 뜨고 있는 것이다. 이와 같은 트렌드는 홈 엔터테인먼트 산업의 성장을 촉발시키고 문화산업 전반의 변화를 유도하고 있다.

코로나19 팬데믹 선언 이후 재택근무를 하는 회사가 늘고, 학생들의 개학이 연기되는 등 일상생활의 활동 범위가 가정으로 제한되면서 엔터테인먼트 시장의 소비 지형이 변하고 있다. 바이러스에 대한 공포로 밀폐된 공간에서 불특정 다수가 시간과 경험을 공유해야 하는 극장, 공연장 등의 외부 공연 시장이 위축된 반면 가정 내 대표적인 문화 콘텐츠인 온라인 동영상 서비스(OTT: Over The Top), IPTV, 케이블 TV, 온라인 게임, 웹툰 등의 홈 엔터테인먼트 수요가 크게 늘었다. 실제 2~4월 전국 영화관 관객 수는 1월의 절반 수준이며, 전년 동월 대비로는 -80% 내외로 크게 감소했다. 반면, 온라인 동영상 서비스인 넷플릭스, 티빙, 웨이브의 2월 이용자 수가 전월 대비 2배 이상 늘었으며, 2~3월 모바일 게임 다운로드는 전년 동월 대비 10% 이상 증가한 것으로 나타났다. 특히 OTT 서비스는 기존 TV 프로그램을 VOD로 제공하는 것을 넘어 영화, 개인 제작 동영상 등 각종 동영상 콘텐츠를 스트리밍하는 것으로 확장되면서 시장이 급성장하고 있어 향후 전망도 밝다. (그림 1과 2)

한국의 위상이 높아지고 있다

코로나19를 계기로 선도국(leading country)의 개념이 새롭게 조명받고 있다. 선도국은 정치, 경제, 문화 등의 분야에서 앞서면서 다른 나라들을 이끄는 나라를 의미한다. 경제 및 산업의 발달 수준, GDP 등의 양적 기준으로 순위를 정하는 선진국(advanced country)과 다른 개념이다. 최근 코로나19와 같은 대형 재난을 겪으면서 위기 대응력, 사회 안전망 확보 등과 같은 질적 역량이 국가 경쟁력을 평가

그림 1 넷플릭스 온라인 정보 건수

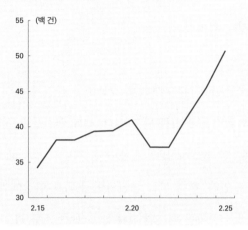

자료: 글로벌빅데이터연구소

그림 2 국내 영화관 월 매출 및 관객 수 변화

자료: 영화진흥위원회

언택트 기반의 서비스 산업이 뜬다

하는 요소로 떠오르고 있는 것이다. 이는 선진국이라는 기존의 틀로는 설명하지 못하는 국가의 잠재 능력에 주목해야 할 필요성이 더욱 커졌다는 것을 의미한다.

최근 한국은 코로나19 사태를 극복하는 과정에서 선진국 이상의 역량을 발휘했다는 평가를 받고 있다. 세계 언론들은 한국의 체계적인 의료 시스템, 높은 시민의식, 신속한 진단과 방역체계 등을 앞다퉈 보도하고 있다. 특히 긴급 승인되면서 의료 현장에 발 빠르게 투입된 진단키트와 이동형 선별 진료소(드라이브스루, 워크스루)는 한국이 코로나19 위기에서 모범 방역국으로 평가받는 데 한몫했다. 또한 팬데믹 기간 중 치러진 총선이 별 탈 없이 마무리되자, 외신들은 한국을 코로나19 이후 세계 최초로 성공적으로 선거를 치른 나라로 평가하기도 했다.

이와 같이 K-방역으로 위상이 한층 높아진 한국은 코로나19발 홈 루덴스 문화가 확산되고 있는 지금, 문화강국으로 한발 앞서 나갈 기회를 엿볼 필요가 있다. 전 세계적으로 K-방역의 성공 스토리를 넘어 코로나 시대를 살아가는 한국인들의 생활양식과 문화에 대한 관심이 커지고 있기 때문이다. 실제 코로나19로 사회적 거리 두기가 불가피한 상황에서 격리 음식(quarantine food)으로 K-푸드가 관심받고 있는데, 그 외에도 언택트 시대, K-Pop, K-웹툰, K-스포츠 등의 다양한 온라인 문화산업의 중심에서 한국의 위상이 높아지길 기대해본다.

격리 음식으로 인기몰이 중인 K-푸드

코로나19 사태로 각국이 입국 제한 조치를 취하면서 국가 간 무역이 침체되자, 수출 의존도가 높은 한국의 주력 산업이 큰 타격을 받고 있다. 그러나 코로나19가 호재로 작용하는 분야도 있다. 2020년 아카데미 시상식에서 4관왕을 달성한 영화 〈기생충〉에 등장한 '짜파구리'가 격리 음식으로 불리며 선풍적인 인기를 끌고 있는 것이다. 짜파구리는 농심 너구리와 짜파게티를 섞어 끓인 것으로 최근 SNS상에서 레시피가 공유되는 등 음식을 넘어 문화로 진화하고 있다. 실제 농심은 2020년 3월 짜파게티의 해외 매출이 지난해 동기 대비 2배(120%) 이상 증가한 150만 달러(약 18억 6,000만 원)를 기록했다고 밝혔는데, 이는 월간 기준으로 최대 실적이다.

또한 최근 한국의 만두가 미국 내 집밥 메뉴로 인기가 높아지고 있다. 과거 일본의 교자, 중국의 덤플링에 묻혀 있던 한국의 만두가 가정간편식(HMR) 시장 확대와 함께 새로운 역사를 쓰고 있는 것이다. 이보다 먼저 K-푸드의 선두주자로 사랑받고 있는 음식이 있는데, 이는 중국 내 파이 부문 고객추천지수 5년 연속 1위에 오르는 영광을 달성한 초코파이다. 초코파이는 팬데믹 상황에서 격리 음식으로 더욱 인기가 높아지면서 최근 중국 마트에서 없어서 못 파는 제품이 되었고, 베트남 제사상에도 오를 정도로 아시아 지역에서 폭넓은 사랑을 받고 있다.

코로나 팬데믹 상황에서 인기를 얻고 있는 한국 음식은 라면과 만두뿐만이 아니다. 한국의 달고나 커피가 격리 커피라는 이름으로 또 하나의 한류를 만들고 있다. 일명 K-집콕놀이로 불리는 달고나 커피는 인스턴트 블랙커피와 설탕을 각각 3큰술 정도 넣고 뜨거운 물을 조금 부어서 부풀어 오를 때까지 계속 저은 후 우유를 부으면 완성되는 커피다. 어릴 적 학교 앞에서 팔던 '달고나(뽑기)'의 맛과 비슷하다고 해서 '달고나 커피'란 이름이 붙여졌다. 이는 최소 400번 이상을 저어야 마실 수 있는 커피로 집콕 생활의 무료함을 달래주는 음식으로 인기몰이 중이다. 코로나19가 최고조에 이른 3~4월에는 검색 엔진 구글에서 'dalgona coffee(달고나 커피)'의 검색량이

1~2월 대비 2,000% 정도 증가했다. K-푸드가 K-문화로 자리 잡아가고 있는 가운데, 포스트 코로나 시대에도 세계인의 입맛과 감성을 사로잡는 제품 개발이 지속된다면 K-푸드의 위상은 더욱 높아질 것으로 기대된다.

코로나 리스크를 극복 중인 K-Pop

코로나19가 강제한 언택트 상황은 문화계에도 새로운 바람을 일으키고 있다. 오프라인 공연이 제한되자 온라인 스트리밍 방식으로 공연 콘텐츠를 중계하는 사례가 늘고 있는데, K-Pop이 그중 한 축을 담당하고 있는 것이다. K-Pop은 전 세계적 팬덤을 기반으로 ICT 기술을 활용하여 새로운 형식의 콘서트 문화를 주도하고 있다. 코로나19의 팬데믹 상황에서 기획되고 치러진 방탄소년단과 슈퍼엠의 온라인 콘서트가 대표적인 예이다. 방탄소년단의 무료 온라인 스트리밍 축제인 '방방콘(방에서 즐기는 방탄소년단 콘서트)'은 조회 수가 24시간 동안 5,000만 건을 넘었고, 최대 동시 접속자 수는 224만 명을 기록했다. 또한 SM엔터테인먼트는 네이버와 손잡고 라이브 콘서트 스트리밍 서비스인 '비욘드 라이브(Beyond Live)'를 선보였는데, 120분 1회 공연(7만 5,000여 명 접속)으로 약 25억 원의 수익을 창출했다고 한다.

　오프라인에서 온라인으로 옮겨 간 공연에서 가장 중요한 문제는 관중과의 소통일 것이다. 이와 같은 문제에서도 K-Pop의 시도는 희망을 보여준 것으로 평가된다. 방방콘에서는 블루투스 모드로 연결된 아미밤(영상의 오디오 신호에 따라 색깔이 변하는 응원봉)을 통해 전 세계의 팬들과 소통했다. 콘서트가 열린 이틀 동안 전 세계 162개 지역에서 50만 개의 아미밤이 인터넷으로 연동되었는데, 이는 팬들이 실제 한곳에 모여 콘서트를 관람하는 기분을 느낄 수 있는 온택트(ontact) 공연을 구현했다고 할 수 있다. SM엔터테인먼트가 네이버의 V 라이브를 통해 선보인 실시간 스트리밍 콘서트는 3D 그래픽과 증강현실(AR) 등의 기술이 접목된 디지털 공연으로 큰 호응을 받았다.

　온라인 콘서트가 기존의 오프라인 공연을 완벽히 대체할 수는 없다. 다만 코로나발 위기에서 시도된 K-Pop의 온라인 콘서트는 새로운 문화혁명으로 기억될 것이다. 특히 최근 국내 아이돌 그룹의 온라인 공연에서는 세계 최초로 가상현실(AR) 기술을 활용하는 등 4차 산업혁명 시대에 공연 예술이 나아가야 할 방향을 제시했다고 할 수 있다. 코로나19 이후 해외 유명 아티스트들이 SNS를 통해 라이브를 선보이며 팬들과 소통하는 것과 비교할 때 K-Pop이 실현한 비대면 공연 방식은 진일보한 모습이다. K-Pop이 전 세계적인 전염병의 위기 속에서 새로운 가능성을 보여준 만큼 앞으로도 신개념 공연문화를 통해 K-문화를 선도할 것으로 기대된다.

K-웹툰, TV 드라마 넘어 넷플릭스·웹드라마로 훨훨

코로나19로 집콕 생활이 길어지면서 넷플릭스 등의 OTT나 VOD 콘텐츠가 각광받고 있으며, 웹툰 역시 큰 인기를 누리고 있다. 웹툰(webtoon)이란 인터넷을 뜻하는 웹(web)과 만화를 의미하는 카툰(cartoon)이 합쳐져 만들어진 신조어로 만화산업이 온라인 기반으로 변화된 행태이다. 이는 코믹스 중심의 기존 만화시장 범주에 속하면서도 새로운 플랫폼과의 시너지로 다양한 가능성을 보여주고 있는 콘텐츠 전략의 핵심으로 평가받고 있다.

이와 같은 트렌드하에 한국 웹툰에 대한 해외 시장의 관심도 뜨겁다. 소재와 장르를 가리지 않는 K-웹툰이 탄탄한 스토리와 다양한 캐릭터의 힘을 바탕으로 국내를 넘어 미국, 일본 등 글로벌 시장에서 두터운 팬층을 확보해가고 있는 것이다. 실제 K-웹툰의 인기를 바탕으로 네이버, 카카오 등 국내 주요 웹툰 플랫폼의 실적이 사상 최고치를 경신하고 있다. 네이버 웹툰의 2020년 1분기 거래액은 전년 대비 60% 이상 증가했고, 그중 해외 비중은 20%를 상회한다. 특히 북미 지역의 성장세가 두드러지는데, 해당 지역 결제자가 전년 대비 3배 늘고, 결제자당 결제 금액 또한 2배 이상 증가한 것으로 나타났다. (그림 3)

최근 K-웹툰은 다양한 플랫폼을 통해 영상화되며 그 가치를 재평가받고 있다. 〈타인은 지옥이다〉, 〈쌉니다 천리마마트〉, 〈조선로코-

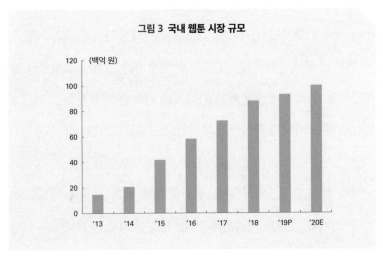

그림 3 국내 웹툰 시장 규모

자료: KT경제경영연구소, 추정은 하나금융경영연구소

녹두전〉, 〈이태원 클라쓰〉, 〈메모리스트〉 등은 최근 TV로 방영된 웹툰 원작 드라마이다. 웹툰의 지식재산권(IP)을 기반으로 웹소설, 애니메이션, 게임, 영화, 드라마 등 다양한 방식으로 콘텐츠를 재가공할 수 있는 시대가 도래하면서 웹툰의 경제적 파급효과가 커지고 있는 것이다. 실제로 웹툰 IP를 활용한 JTBC 드라마 〈이태원 클라쓰〉는 최고 시청률 16.5%를 기록하며 2020년 1분기 최고의 인기를 구가했다. 이후에도 〈메모리스트〉, 〈계약우정〉, 〈쌍갑포차〉, 영화 〈정상회담〉 등 카카오페이지의 IP를 기반으로 한 드라마와 영화 등이 잇따라 제작되고 있는 추세이다.

특히 웹툰을 원작으로 제작, 활용되는 플랫폼의 범위가 TV 드라마와 영화를 넘어 넷플릭스, 웹드라마로 넓어지고 있는 점에 주목할 필요가 있다. 이는 하나의 콘텐츠로 여러 창작물을 만들어내는 OSMU(One Source Multi-Use) 전략을 활용한 것이다. OSMU는 웹툰으로 먼저 탄탄한 IP(지적재산권)를 확보한 뒤 드라마나 영화, 애니메이션 등 다양한 2차 콘텐츠를 만드는 방식이다. 웹툰이 드라마나 영화의 원작으로 사용될 경우 흥행 가능성이 더 높은 것으로 알려져 있는데, 기존 웹툰의 독자가 영상으로 제작된 작품에 대한 잠재 수요자이기 때문이다. 해외에서 인기가 높은 넷플릭스의 〈킹덤〉 시리즈 역시 웹툰 〈신의 나라〉가 원작이며, 그 외에도 최근 OTT 플랫폼을 중심으로 시즌제 드라마 제작이 활발하게 이뤄지고 있다. 이와 같이 K-웹툰을 원작으로 하는 2차 창작 시장이 확대되고 있어 향후 K-웹툰에서 파생되는 콘텐츠 시장의 무한 성장이 예상된다.

전 세계로 희망을 던지는 K-볼

2020년 봄 코로나19로 전 세계 프로 스포츠의 시계가 멈췄다. 그러나 5월 초 K-볼(프로야구, 프로축구)이 조심스럽게 경기를 시작하면서 위기를 기회 삼아 도약을 노리고 있다. 5월 5일 어린이날 국내 프로야구가 개막한 데 이어 8일에는 프로축구도 개막했다. 야구는 대만에 이어 세계 두 번째로, 축구는 유럽 주요 국가의 코로나19 확산이 심각한 가운데 동유럽 몇몇 국가에 이어 개최된 것이다. 심지어 코로나 청정지대라고 주장하며 축구 리그를 개막한 벨라루스는 코로나19 감염 선수가 발생하자, 리그 연기를 선언하기도 하였다. 그리고 5월 14일에는 한국여자프로골프 투어 KLPGA 챔피언십이 코로나19 이후 골프 종목 최초로 개막했다. K-방역의 위상 위에 K-볼이 전 세계 스포츠 팬의 열기를 한 몸에 받을 수 있는 기회를 잡은 것이다.

과거와 달라진 점은 모두 무관중 경기라는 것이다. 그러나 프로야구 개막 당일 국내 중계 시청자가 216만 명에 이르렀고, 해외에서도 중계 열기가 뜨거웠다. 개막 전 상당수의 외신 기자가 열띤 취재를 벌이며 깊은 관심을 보였고, 특히 코로나19로 자국의 프로야구 개막이 무기한 연기된 미국과 일본은 KBO 경기의 중계권을 계약하여 생중계했다. 축구 또한 중국·홍콩 등 이웃나라를 넘어 유럽 빅리그가 있는 국가에서도 K-축구의 중계권을 구매했다. 더 나아가 TV 채널, 공식 유튜브 및 트위터 계정뿐만 아니라 OTT와 온라인 서비스 플랫폼 등으로 중계 서비스가 대폭 확장되면서 온라인 관중의 열기가 뜨거워지고 있다.

최근 코로나19 사태로 스포츠 관련 사업의 손실이 막대한 것으로 추정된다. 미국 스포츠 전문 매체 ESPN은 스포츠 활동의 전면 중단에 따른 미국 내 경제 손실 규모가 120억 달러(14조 6,880억 원)에 이를 것이라고 전망했다. 이와 같은 상황에서 시도된 K-스포츠는 이벤트 재개가 요원한 세계 곳곳에서 롤 모델로 평가받고 있다. 세계 많은 나라에서 K-볼 개막에 큰 관심을 가지고, 온라인 관중이 되었다는 것이 이를 방증한다. 그리고 이와 같은 성과는 근본적으로

K-방역의 위상 위에 가능했던 시나리오이다.

포스트 코로나 시대, 코로나 엔데믹(endenic: 주기적 발병)이 우려되고 더 나아가 다양한 감염병의 발생 및 확산 가능성이 커지고 있어 스포츠 산업의 변화도 불가피해 보인다. 따라서 K-스포츠는 최근의 경험을 바탕으로 다양한 온라인 콘텐츠를 개발하고, 언택트 마케팅을 적극적으로 펼칠 필요가 있다. 특히 5G 미디어 기술 등 다양한 ICT 기술을 접목하여 스포츠 팬들의 니즈를 충족시킴으로써 K-스포츠의 위상을 높이고 문화 강국으로 도약하기를 기대해본다.

언택트 소비가 불러온
유통업의 희비

김문태

시대의 변곡점은 생활의 변화를 야기한다. 일상생활과 밀접한 소비 또한 사회적으로 커다란 변화가 있을 때마다 변화해왔다. 산업혁명으로 인한 대량 생산과 자본가 계급의 형성은 백화점과 같은 현대적 유통 채널이 성장하는 계기가 됐다. 마이카 시대는 대형 마트, 교외 쇼핑몰의 등장을 야기했고 인터넷은 온라인 쇼핑을 만들어냈다. 코로나19로 인한 소비의 가장 큰 변화는 비대면 소비, 즉 언택트 소비라고 말할 수 있다. 코로나19의 창궐로 전염을 회피하기 위해 사람과의 접촉을 꺼리게 되면서 자연스럽게 주목받게 된 것이다.

코로나19, 언택트 확산의 계기

언택트 소비는 코로나19 이전부터 활성화되고 있었다. 이러한 소비 행태가 부상하게 된 첫 번째 이유는 인터넷을 통한 활발한 정보 공유에 있다. 인터넷을 통한 활발한 정보 공유는 판매자와 소비자 간의 정보 비대칭을 감소시켰다. 과거 우리가 구매하는 과정을 상기하면 매장에 방문하여 상품을 직접 만지고 보면서 점원에게 최근 인기 있는 제품, 가격대 등을 문의하고 여러 상품을 비교하는 과정을 거쳤다. 하지만 이제 직접 보지 않아도 온라인상에 자세한 상품평이 있고 점원이 알려주는 것보다 더 많은 정보와 다른 사람의 취향, 수백 개 매장의 가격 정보까지 손쉽게 알아낼 수 있다. 더 이상 점원의 정보와 직접적 체험만이 유일한 정보 채널이 아니기 때문에 매장을 방문하지 않더라도 상품을 결정하고 구매하는 데 불편함이 없는 시대가 된 것이다. 이러한 현상은 언제든 인터넷 접속이 가능한 스마트폰을 소지하는 것이 일반화되면서 더욱 강화되었다.

또한 최근 밀레니얼 세대의 특징과도 연관이 있다. 밀레니얼 세대란 80년대 초반부터 90년대 후반(2000대 초까지 포함하기도 한다) 태어난 세대로 유소년기부터 인터넷 등 IT 기술을 접하면서 자라난 세대를 지칭한다. IT 인프라를 능숙하게 사용하고 온라인상의 정보 공유를 즐기는 이들 밀레니얼 세대는 오프라인상의 불필요한 관계를 어색해한다는 특징이 있다. 온라인상에서는 다양한 페르소나를 형성하면서 가볍고 편한 관계를 형성하는 세대이지만 대면 접촉에서는 불편함을 느낀다고 알려져 있다. 또한 의사 선택에 있어서 다른 사람의 기준보다는 본인 스스로의 기준에 충실한 세대이다. 이들에게 대중의 선택 기준이나 점원의 추천 같은 건 별로 중요하지 않다. 상품에 대한 정보는 상품 페이지의 댓글, SNS, 유튜브 인플루언서 등을 통해 스스로 검색해서 습득할 수 있기 때문에 점원과의 불편한 접촉은 불필요하다. 이런 성향의 밀레니얼 세대에게 타인과의 접촉(Contact)이란 그저 구매 과정을 번거롭게 만드는 행위일 뿐이다.

온라인을 통한 소비자의 정보 비대칭성 감소, 밀레니얼 세대의 특성 등으로 언택트 소비는 코로나19 이전에도 주목받고 있었다. 온라인이 성장하고 무인매장이 등장하고 있었지만 보편적인 소비 행태로 자리 잡기 위해서는 한 가지 난관이 있었다. 바로 소비자들의 습관이다. 소비자들은 기존 소비 습관이 더 편리하다고 느낀다. 새로운 쇼핑 형태를 받아들이기 위해서는 회원 가입을 하거나 인터넷 사용 방식을 익히고 결제 수단도 변경하는 등의 번거로운 진입 장벽이 존재한다. 언택트를 위한 인프라와 소비 기반은 갖춰져 있었으나 습관의 진입 장벽을 넘기에는 한계가 있었다.

그런데 코로나19가 이러한 진입 장벽을 허무는 계기가 되었다. 전염병이 창궐하면 당연히 대인 접촉을 꺼리게 된다. 대인 접촉에 대한 불안감이 기존의 익숙한 소비 행태를 바꿀 만한 강력한 유인으로 작용한 것이다. 코로나19 이후 언택트 소비가 더욱 활성화될 것이라고 여겨지는 이유이다.

코로나19에 따른 전 세계적인 전염 우려로 변화는 빠르게 이루어지고 있다. 새로운 고객층이 유입되면서 온라인 쇼핑몰이 더욱 성장하고, 오프라인은 언택트 기술 도입을 서두르게 되었다. 쇼핑뿐만 아니라 회사 전체적으로 재택근무가 도입되고 학교 수업이 온라인 화상 강의로 대체되었다. 원격 의료 서비스에 대한 논의도 더욱 활발해지는 계기가 되었다.

희비 엇갈리는 온라인과 오프라인

언택트 소비 채널 중 가장 대표적인 것으로 온라인 쇼핑을 꼽을 수 있다. 온라인을 이용하면 접촉이 불필요하다. 택배 기사와 상품 수령을 위해 만나는 경우도 있으나 무인택배함을 이용하면 이마저도 필요 없다. 오프라인 매장을 이용하면 이동 중에 다른 사람과 접촉하게 되고 매장 내 다른 쇼핑객 및 점원과의 접촉이 이루어지게 된다. 접촉에 대한 우려가 높아지면서 수요가 자연스럽게 온라인으로 이동했다. 특히 장보기 수요가 온라인으로 넘어오면서 음식료품 구매가 증가하고 50대 이상의 신규 고객층이 증가했다. 온라인 음식료품 거래액은 2020년 2월, 3월 각각 전년 동월 대비 70.8%, 59.4% 증가했다. 온라인 식료품 전문몰인 마켓컬리의 경우 코로나19 발생 이후 한 달간(2. 19~3. 22) 50대 이상 신규 가입자 수가 전년 동기 대

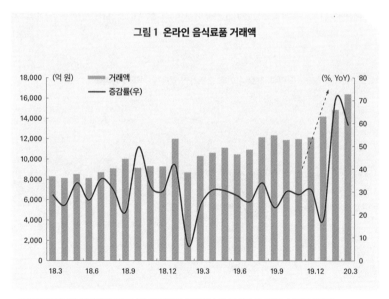

그림 1 온라인 음식료품 거래액

- 온라인 음식료품 거래액은 코로나19 이전에도 새벽배송을 중심으로 30% 수준의 성장세
- 코로나 이후 온라인 장보기 수요 증가로 60~70%의 급성장을 보임

자료: 통계청

비 54% 증가했고, 오픈마켓인 11번가는 2월 신규 가입자 수의 전년 동월 대비 증가율이 50대 16%, 60대 17%, 70대 10%를 기록했다. 다른 많은 산업들이 코로나19로 인해 부진할 때, 온라인은 오히려 새로운 고객층이 유입되고 음식료품 등 생필품 장보기 수요가 증가하면서 수혜 업종이 되었다. (그림 1)

코로나19 시기 오프라인에서는 다수의 사람들이 모이는 대형 집합시설 기피와 당장 필요하지 않은 비생필품 수요가 위축되는 현상이 나타났다. 백화점, 면세점, 대형 마트 등 대형 집합시설은 매출액

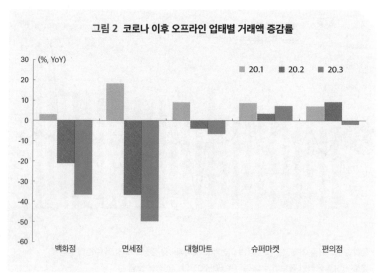

그림 2 코로나 이후 오프라인 업태별 거래액 증감률

자료: 통계청

감소가 나타나고 있다. 특히 패션 잡화 위주의 비생필품이 주요 상품인 면세점과 백화점 거래액은 2020년 3월 각각 -49.8%, -36.8%을 기록하며 큰 폭의 외형 축소를 보였다. 대형 집합시설 중 대형 마트는 전염병 시기 필수적인 음식료품, 생활용품 등이 주요 상품임에도 불구하고 같은 기간 -6.7%의 거래액 감소를 기록했다.

이와는 달리 슈퍼마켓과 편의점 등 소형 점포는 타인과의 접촉 기회가 많지 않아 코로나19의 부정적 영향이 비교적 적은 편이었다. 특히 생필품 위주의 슈퍼마켓은 3월에 전년 동월 대비 7.2%의 성장률을 기록했다. 생필품 비중이 비교적 낮은 편의점의 경우에는 2월에는 전년 동월 대비 9.2% 성장률을 기록했으나 3월에는 -2.0%를 기록하며 감소세로 전환되었다. (그림 2)

홈코노미, 극단적인 언택트 행위

소비자 행동 측면에서의 변화는 외출 자제를 들 수 있다. 접촉을 최소화하기 위한 최적의 선택지는 집 안에 머무는 것이다. 집 밖에 나서는 것 자체가 위험인 세상에서 집 안은 유일하게 믿을 만한 공간이 되었다. 개인적으로나 사회적으로 오프라인 매장뿐 아니라 학교, 회사, 식당, 영화관, 은행 등에 가지 않고 집 안에만 머무는 행위는 접촉을 최소화하는 안전한 행동이 되었다. 대신에 그 모든 것들을 집 안에서 해결한다. 극도의 언택트 행위가 야기한 홈코노미 현상이다. 홈코노미란 가정 내에서 다양한 경제활동을 영위하는 행위를 지칭한다. 집 안에서 업무 보고 공부하고 밥 먹고 영화를 즐기는 행위는 불편한 만남 대신 혼자 있기를 선택하는 최근 트렌드에 따라 조금씩 늘어나고 있었지만 코로나19 시기를 맞아 더욱 촉진되었다.

쇼핑 부문에서는 앞서 언급한 온라인 쇼핑을 통해 오프라인 매장 방문 없이도 집 안에서 물품을 구입하는 행위가 증가했다. 온라인 쇼핑 이용이라는 채널의 선택뿐만 아니라 상품 선택에서도 변화를 보인다. 집에서의 식사가 늘면서 음식료품 구매가 증가하고 재택근무 및 온라인 강의를 위한 노트북 수요가 확대되었다. 또한 집 안에서 하는 행위가 증가하다 보니 생활가전이 필요하게 되고 인테리어에 대한 관심이 높아지면서 관련 수요 또한 증가하는 현상이 나타났다. 식당 음식을 꼭 식당에서 먹어야 되는 시절은 지났다. 과거에도 짜장면, 피자, 치킨 등은 배달이 용이했으나, 최근 배달의 민족, 요기요 등 음식 배달 서비스가 성장하면서 다양한 식당의 음식을 집에서 맛볼 수 있게 되었다. 온라인 음식 배달 서비스는 2020년 3월 75.8%의 높은 성장률을 기록하며 코로나19 시기에도 호황을 나타냈다.

서비스와 콘텐츠 또한 집에서 즐기는 시대이다. 서비스업의 대표적인 특성이 생산과 소비가 동시에 이루어져서 매장 외의 공간에서는 소비에 한계가 있다는 점이다. 예를 들어 헤어스타일을 바꾸고 싶으면 미용실, 이발소 등에 가야 한다. 하지만 이런 서비스업에서도 변화가 나타나고 있다. 세탁 서비스의 경우 세탁 신청을 하면 집에서 수거해 가고 세탁 후 집으로 갖다주는 플랫폼이 등장했다. 의료 서비스 또한 아직 규제에 의한 제한이 있지만 코로나19를 계기로 원격 진료 및 치료의 필요성이 대두되고 있다. 콘텐츠 소비 또한 접촉을 최소화하기 위해 가정으로 옮겨졌다. 교육 콘텐츠의 경우 기존에도 온라인 강의가 활발하게 이루어졌으나, 코로나19로 인해 학교 교육마저 재택 교육으로 운영되었다. 기존 온라인 강의 방식 외에도 다양한 방식이 도입되면서 가능성을 시험해볼 수 있었다.

문화 콘텐츠의 가정 내 소비는 그야말로 폭발적으로 증가했다. 전염 우려에 따라 영화관, 공연 등을 기피하게 되면서 넷플릭스, 유튜브 등 온라인 동영상 콘텐츠 수요가 폭증했다. 유럽에서는 관련 서비스의 데이터 사용량 폭증으로 자체적으로 품질을 낮추는 등의 조치가 필요했다.

언택트 소비는 장기적으로 성장할 것

코로나19로 인해 언택트 시장은 확산의 계기를 맞이했다. 전염 우려로 접촉을 피하는 시기이므로 당연한 결과였다. 그렇다면 코로나19 이후에는 어떤 변화 과정을 거칠까?

일단 단기적으로 언택트 소비는 축소될 것으로 예상된다. 당장 재택근무가 축소되고 학생들이 등교하기 시작하면 가정 내 식사, 콘텐츠, 가전 등 수요가 급감한다. 그동안 언택트 소비가 해외여행, 공연, 의류 및 잡화 상품을 소비하지 못하는 잉여 자금까지 더해지면서 성장했음을 고려하면 상당 수요가 빠져나갈 수 있다. 온라인 대신 백화점, 대형 쇼핑몰 등에서 직접 쇼핑을 즐기고픈 소비자도 증가할 수 있다. 당장 4월에는 코로나19 확진자 수 증가세가 다소 완화되면서 백화점, 국내 여행 등이 다소 회복되는 모습을 보이기도 했다.

하지만 코로나19 시기에 언택트 활성화를 위한 기반은 충분히 마련되었다. 서비스를 제공하는 입장에서는 코로나19가 아니면 하기 어려운 다양한 시도(50대 이상의 온라인 장보기, 전사적인 재택근무, 온라인 학교 교육 등)가 전국 단위로 동시에 이루어지면서 노하우와 데이터를 축적할 수 있었다. 재택근무의 생산성, 필요 인프라 등을 측정할 수 있었고 학교 교육의 원격 강의 시 학업 성취도, 참여도 상승 노하우 등도 축적할 수 있었다. 인터넷 쇼핑과 배달 서비스로 새로운 고객층이 유입되면서 그들을 위한 서비스에 대해 고민할 기회도 되었다. 한편 소비자 입장에서는 기존과 다른 소비를 경험하게 되면서 심리적 진입 장벽을 해소할 수 있었다. 코로나19 기간 동안 재택근무 및 원격 교육 등을 위한 노트북과 쾌적한 생활 공간을 위한 가구 및 생활가전 구매는 언택트 소비를 위한 인프라 확충의 기회가 되었다고 볼 수 있다. 물론 갑작스러운 소비 변화에 불편함을 느끼고 기존의 소비 행태로 돌아가는 소비자도 상당수 있겠지만, 이러한 불만족 또한 차후 관련 서비스를 개선하는 데 있어 소중한 데이터로 사용될 것이다.

따라서 언택트 소비는 코로나19로 인해 방대한 사용 경험, 데이터, 노하우, 인프라 등을 축적하면서 발전의 기반을 확립했다. 추후 언택트 관련 상품 및 서비스는 전형적인 하이프 사이클(Hype cycle: 과장 곡선)을 따를 것으로 예상된다. (그림 3) 코로나19로 인해 관심 및 수요가 폭발적으로 증가했으나 단기적으로 잠시 위축된 후 개선된 서비스가 도입되면서 성장세를 나타낼 전망이다. 정부 정책 환경 또한 우호적이다. 5월 초 정부에서 발표한 한국형 뉴딜 정책의 주요

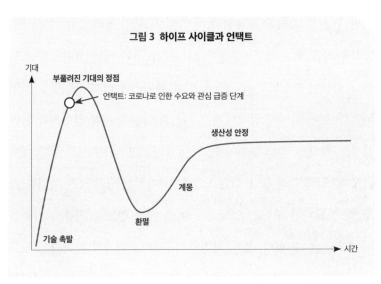

그림 3 하이프 사이클과 언택트

기대

부풀려진 기대의 정점

언택트: 코로나로 인한 수요와 관심 급증 단계

생산성 안정

계몽

환멸

기술 촉발

시간

자료: Gartner, 하나금융경영연구소

과제 중 하나가 비대면 서비스의 개발이다. 정부는 5월 말에 세부 지침을 세우고 코로나19로 침체된 경기를 되살리기 위한 방안 중 하나로 비대면(언택트) 소비 관련 산업을 투자 육성할 계획이다. 제공자, 소비자의 축적된 경험과 정부의 육성책으로 언택트 소비가 기존의 소비 행태를 점차 변화시켜나갈 전망이다.

코로나19 이후, 온라인의 오프라인 대체 현상은 심화될 전망

언택트에 의한 온오프라인 시장 구도 변화를 살펴보기 전에 먼저 코로나19 이전 상황에 대해 설명할 필요가 있다. 국내 온라인 쇼핑 시장은 코로나19 이전에도 양호한 성장세와 소매업 내 큰 비중을 나타냈다. 국내 온라인 쇼핑몰 거래액은 2019년 135.3조 원으로 전년 대비 19.4%의 양호한 성장세를 기록했다. 같은 해 소매 유통업(승용차 및 연료 판매액 제외) 규모가 375.2조 원임을 감안하면 약 36.3% 비중을 차지한 셈이다. 국내 온라인 쇼핑 시장이 이렇게까지 성장한 데는 다양한 이유가 있다. 우리나라는 초고속 인터넷 보급률, 휴대폰 보급률 등이 세계적으로 높은 수준이다. 통신망 및 디바이스 인프라는 인터넷 쇼핑이 활성화되기 위한 필수 조건이다. 또한 국토의 형태가 정사각형의 크지 않은 형태를 지닌 것도 도움이 되었다. 미국처럼 너무 넓지도 않고, 칠레처럼 한 방향으로 길지도 않고, 인도네시아처럼 다수의 섬으로 분절되지 않은 형태이기 때문에, 상품을 운송하는 물류 효율성을 높일 수 있었다. 물류 인프라는 온라인 쇼핑의 단점인 구매 후 수령 대기 시간을 줄여준다. 최근에는 도심에 가까워진 물류 센터와 자동화된 물류 시스템으로 당일 배송마저 가능하게 되었다. 이 같은 배경을 바탕으로 국내 온라인 쇼핑몰은 높은 성장세를 구가할 수 있었다.

반면, 오프라인은 온라인의 공세에 고전하고 있었다. 온라인은 가격 경쟁력, 상품 종류의 다양성, 24시간 구매 가능 등의 장점을 바탕으로 오프라인의 영역을 잠식해왔다. 코로나19 직전 롯데쇼핑은 오프라인 점포 200개에 대한 구조조정을 밝힌 바 있다. 이마트는 삐에로 쇼핑 등 오프라인 전문점을 정리 중이다. 대형 마트와 백화점 업태에서는 몇 년 전부터 점포 폐점이 이루어져왔다. 업체들은 오프라인 점포를 정리하면서 온라인 사업을 위한 자금을 확보 중이다. 이같은 변화는 미국에서 먼저 나타났었다. 이른바 '아마존화'라 불리는 이 현상은 아마존과 같은 온라인 쇼핑으로 소비자가 이동하면서 오프라인 위주 유통 업체들이 파산하거나 폐점하는 현상을 지칭한다. 장난감 왕국 토이저러스가 폐점하고 전통의 메이시스 백화점이 점포 수를 줄여나갔다. 이러한 오프라인 폐점 및 파산 현상을 가리켜 소매업의 종말(Retail Apocalypse)이라는 극단적 진단도 존재했다.

언택트 시대는 온라인, 모바일 중심 사회로의 이전을 의미한다. 소비 행태가 달라지면 경쟁 구도도 달라지므로, 온라인 위주의 경쟁 구도가 더욱 확고해질 것으로 예상된다. 온라인 쇼핑몰은 언택트 확산으로 인해 영향력을 더욱 확대하게 되고 배달, 세탁 등 다양한 분야를 흡수 대체하며 시장을 확대해나갈 것이다. 반면 오프라인은 점차 역할이 축소될 것으로 예상된다. 코로나19 이전에도 진행되고 있었던 오프라인 매장의 구조조정이 더욱 가속화될 것으로 보인다.

온라인은 성장 기회가 존재하지만 각 기업들 입장에서는 녹록지 않은 환경에 놓인 상황이다. 온라인은 낮은 진입 장벽과 활발한 투자로 대기업과 스타트업이 경쟁적으로 진출하고 있는 시장이다. 하지만 가격 비교 사이트에서 1원 단위로 비교되면서 철저한 저마진 경쟁이 이루어지는 시장이기 때문에 수익성이 저조하다. 국내 유명 업체 중 흑자를 내는 온라인 쇼핑몰 업체가 드문 형편이다. 따라서 온라인이 성장한다는 것은 시장 내 저수익 업체가 증가한다는 의미다. 비단 온라인 내부에서의 경쟁이 아니라 온라인의 가격 수준이 오프라인을 압박하며 시장 전체적으로 가격 경쟁이 확산된다. 2019년 이마트는 온라인과도 가격 경쟁이 가능한 '국민 가격' 프로젝트를 시행했으나 결과는 약간의 매출 상승과 수익성 악화였다. 언택트로 인한 온라인 확대는 업체들의 수익성을 압박하는 요인으로 작용할 것이다.

오프라인 매장에 언택트 기술 도입이 확대될 것

2018년 1월, 미국의 대형 온라인 쇼핑몰 업체 아마존은 시애틀 본사 건물 1층에 실험적인 매장을 오픈했다. '아마존 고'라고 불리는 이 매장이 주목받은 이유는 단순히 유명 온라인 쇼핑몰이 개설한 오프라인 매장이어서가 아니었다. 전 세계적으로 주목받은 점은 소비자가 입장 후 상품을 들고 '그냥 나가면 되는' 무인매장이었기 때문이다. 계산대 줄에 서 있거나 카드를 제시하고 결제를 기다리는 과정 없이 구매가 가능한 독특한 방식은 관련 업계뿐만 아니라 일반 소비자의 관심을 끌기에 충분했다. 이것이 가능한 이유는 카메라, 이미지 처리 기술, 페이먼트 등 디지털 기술의 높은 활용도에 있었다. 고객이 입장하면 카메라가 동선을 따라가며 고객이 집어 든 상품을 촬영하고 이를 이미지 분석하여 상품 목록을 파악한다. 그리고 고객이 퇴장하면 입장 전 로그인한 회원 계정과 연동된 페이먼트 시스템에서 자동으로 결제가 이루어진다. 이 무인매장 시스템은 오프라인 매장의 혁신으로 여겨지며 전 세계적인 관심을 불러일으켰다.

그 뒤 무인매장은 어찌되었을까? 중국의 알리바바는 '신유통'을 제창하며 무인매장 허마슈퍼를 앞장세웠고 우리나라도 예외는 아니었다. 특히 우리나라는 당시 최저임금이 급격히 오르면서 인건비가 이슈가 되었던 시기여서 자판기로 구성된 편의점, 제품을 박스 안에 넣어서 인식시키는 편의점 등 다양한 시범 매장이 운영되었었다. 다만 기술적 수준의 미흡함과 소비자의 심리적 진입 장벽이라는 한계가 존재했고, 무인매장 솔루션 설치 비용 또한 적은 돈이 아니기 때문에 널리 확산되지는 못했다.

하지만 언택트 소비의 확산으로 무인매장에 대한 거부감이 줄었다고 판단한다면 확산 가능성이 높아졌다고 볼 수 있다. 또 한 가지 남은 문제점은 소비자 편의성을 위한 기술적 완성도인데, 이 부분도 최근 변화가 일어나고 있다. 앞서 예로 든 아마존 고가 기존 아마존 고보다 규모가 크고, 신선식품까지 판매하는 '아마존 고 그로서리'라는 매장을 올해 오픈했는데, 그동안 개선된 기술을 엿볼 수 있는 매장이었다. 그리고 이 매장을 오픈하면서 해당 기술을 타사에 제공할 수도 있음을 내비쳤다. 만약 아마존을 필두로 해당 솔루션 사업이 확산된다면 무인매장 시스템의 기술적 진입장벽도 낮아질 것으로 예상할 수 있다. 아마존이 이미 클라우드, 물류 등 온라인 몰 운영 시 축적한 인프라를 사업화한 것을 상기하면 가능한 예상이다. 소비자의 심리적 거리감 완화에 기술적 완성도 향상이 더해지면서 무인매장의 점진적 확산이 예상된다.

단기적으로 현실적인 오프라인 매장의 언택트 기술은 키오스크를 생각할 수 있다. 키오스크는 최근 우리나라에서도 커피숍, 패스트푸드점에 빠르게 보급되고 있는 기계이다. 다양한 형태가 존재하지만 일반적으로 접할 수 있는 형태는 사람 키 높이의 기계에 터치

가능한 대형 화면이 있고 그곳에서 메뉴를 터치하는 방식이다. 결제까지 해당 기계에서 처리되기 때문에 주문, 결제를 위한 점원 없이 주방 인력만으로 운영되는 식당들도 이제는 낯설지 않은 상황이다. 코로나19로 인해 키오스크에 대한 소비자의 심리적 거부감이 낮아지면서 또 하나의 언택트 사례로 향후 보다 널리 전파될 것으로 예상된다.

언택트 시대의 경쟁력은 차별화 전략

점원은 고객의 질문에 답하고 상품을 추천하고 할인 및 이벤트를 알려주는 등 고객과의 커뮤니케이션에서 많은 부분을 담당해왔다. 따라서 언택트 시대 점원의 역할 축소에 대비가 필요하다. 온라인상에 단순히 나열된 상품과 서비스만으로는 노하우를 갖춘 점원을 대체하기 어렵다. 각 소비자가 원하는 궁금증에 답하고 취향에 맞는 상품을 추천할 수 있는 개인화 서비스가 필요하다.

최근 소비자들은 시기별, 상품별로 다면화된 욕구를 표출한다. 가성비를 중시하다가도 고가의 상품을 사고, 편리함을 중시하다가도 원하는 상품을 위해서라면 불편함을 감수한다. 개개인 내에서 시시각각 변하는 다면화된 수요를 만족시킬 초개인화 기술이 필요한 이

유다. 고도의 데이터 분석 및 AI 알고리즘에 기반한 초개인화 기술은 소비자 취향에 적합한 상품 추천뿐만 아니라 상품 질의, AS 문의 등 다양한 요구에 응하면서 점원의 빈자리를 대신할 것이다. 온라인 상의 AI 챗봇, 오프라인상의 대화형 AI 키오스크 활성화를 기대해볼 수 있다.

일찍이 세스 고딘의 《보랏빛 소가 온다》에서는 대량 소비 사회에서 보라색 소만큼 눈에 띄는 제품이 아니면 생존이 어려움을 강조했다. 제품 순환 주기가 빨라지고 정보가 풍부한 언택트 시장에서는 눈에 띄는 차별성을 지닌 선도적 제품이 아니면 소비자의 관심을 받기 어렵다. 과거와 같이 대중적 인지도가 상승한 이후에 뒤따라 진입하기에는 제품 순환 주기가 단축되어 기대만큼의 매출을 올리기도 어렵다. 차별성은 상품에 대한 호기심을 불러일으키고 호기심은 온라인상에서 상품 정보가 확산되도록 만든다. 상품 리뷰어, 유튜브 인플루언서 등의 오피니언 리더들이 점원 대신 상품을 추천하고 설명하면서 대량 생산 및 과다 정보 사회에서 상품이 선택되게 만들어준다.

언택트 소비는 디지털과 데이터 분석 기술을 바탕으로 이루어진다. 온라인 쇼핑몰 운영 인프라는 물론 보이스커머스를 위한 AI 스피커, 무인매장을 위한 카메라 및 이미지 인식 기술 등 디지털 기술이 적용된다. 키오스크, AI 로봇, 자동화 쇼핑 카트 등 리테일테크 적용 노하우가 오프라인 매장의 경쟁력으로 작용할 수 있다. 최근 관련 디지털 기술은 무인매장뿐만 아니라 스피커를 통해 소비자와 대화하고 주문 결제가 가능한 AI 스피커, 소비자를 자동으로 따라다니며 상품 인식 및 결제가 가능한 쇼핑 카트 등을 구현해냈다. 데이터 분석 기술은 구매 상품의 물류 효율화뿐만 아니라 과거 구매 패턴을 기반으로 미래 구매 물품을 예측하여 소비자 근처 물류 센터로 미리 이동시켜놓는 것까지 가능하게 되었다. 또한 언택트 소비의 핵심 경쟁력 중 하나라고 할 수 있는 개인화 기술을 위해서도 데이터 분석 및 AI 알고리즘 등이 필수적으로 적용되어야 한다.

언택트 시대에는 온라인화가 확대되는 만큼 디지털 플랫폼의 역할 또한 상승하게 된다. 상품 구매는 이커머스 플랫폼을 통해 이루어지고, 식당 음식은 배달 플랫폼을 통해 소비한다. 택시를 부를 때도 카카오 택시를 통해 현재 위치와 목적지를 말하고 결제까지 한다. 콘텐츠 소비는 넷플릭스, 유튜브 등의 플랫폼을 사용한다. 따라서 플랫폼 시대에 대응하기 위한 전략이 요구된다. 이커머스 시스템에 적합한 결제 시스템 및 UI 구성, 배달에 적합한 메뉴 구성 등 플랫폼 적합도를 높이는 변화가 필수적이다.

또 한 가지 전략은 저술한 차별성에 있다. 샤넬, 롤렉스 등이 여타 브랜드와 다르게 백화점과 유리한 계약을 맺을 수 있는 것은 차별성에 기인했기 때문이다. 유명 맛집은 배달 플랫폼에 종속되지 않는다. 차별성은 오피니언 리더에 의한 홍보뿐만 아니라 플랫폼 종속을 막는 요인이 된다.

언택트가 던지는 다양한 고민

코로나19로 인한 언택트 확대는 소비 시장의 구도 변화와 기업들의 대응 전략 변화를 야기할 뿐만 아니라 소비, 노동, 부동산 등에 다양한 사회적 고민을 가져올 것이다. 언택트가 소비의 주요 행태로 부상하게 되면서 대면 소비를 선호하는 소비자, 즉 고령층과 같이 온라인이나 디지털 기술에 익숙하지 못한 계층의 디지털 소외 현상에 대한 고민이 그것이다. 한국정보화진흥원의 〈2019 디지털 정보 격차 실태 보고서〉에 따르면 60대, 70대의 디지털 정보화 수준은 각각 일반 국민의 73.6%, 35.7%로 나타났다. 이들은 언택트 시대의 온라인 쇼핑, 키오스크, 무인매장 등에 낯설 수 있으며, 상대적으로 소비 행태에서 불리한 위치에 서게 될 수 있다. (그림 4)

언택트 소비로의 전환은 필연적으로 노동 시장의 변화를 야기한

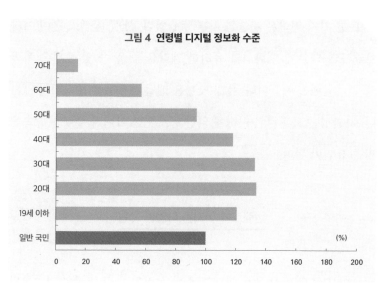

그림 4 연령별 디지털 정보화 수준

자료: 한국정보화진흥원

다. 쇼핑을 하지만 점원이 필요 없고 강의를 듣지만 교사가 없어도 된다. 대형 마트, 편의점의 매장 직원 및 캐셔의 수요가 줄어든다. 롯데, 이마트 등 대형 유통업체의 매장이 폐점하면서 수요는 더욱 감소한다. 방문 학습 대신 화상 온라인 강의를 듣고 은행 직원 없이도 모바일을 통해 언제든지 은행 업무를 볼 수 있다. 대면 시장에서 근무하는 다양한 직업이 위축될 수 있다. 이들 대신 새로운 직업도 생겨나기는 한다. 배달, 배송을 위한 택배, 오토바이 배달원들이다. 쿠팡 플렉스는 일반인도 건당으로 신청하여 배송 서비스에 참여할 수 있도록 했다. 이들은 특수 고용, 개인 사업자 형태로 계약하기 때문에 기존의 근로기준법, 노동조합법 등의 보호 체계에서 벗어나 있다. 수익은 배송 건당으로 받기 때문에 수익 안정성도 떨어진다. 기존 점원, 방문교사 등의 일거리가 줄어들고 대신 배달, 배송 등 이른바 '플랫폼 노동'이 증가하는 현상은 포스트 코로나 시대에 노동 안정성을 떨어뜨리고 사회적 안정망에 대한 고민을 불러일으킬 것으로 예상된다.

또한 부동산 시장의 변화도 예상된다. 부동산 시장에서 중요 요소는 입지였다. 역이나 백화점 등 유동 인구가 많은 입지는 판매자와 소비자를 만나게 해주는 가장 중요한 요소였다. 이제 온라인 및 플랫폼으로 경제활동의 주무대가 옮겨 간다면 기존의 물리적 입지가 가지는 가치는 축소될 수밖에 없다. 판매자와 소비자를 만나게 하는 역할은 역세권, 백화점 앞 등의 입지가 아니라 이커머스 플랫폼, 배달 플랫폼, 맛집 추천 서비스 등의 플랫폼으로 옮겨 가게 된 것이다. 실제 사람이 많이 다니는 길목이 아닌 온라인상에서 사람들이 많이 다니는 곳으로 옮겨지면서 중심 상권에 대한 수요는 감소하는 대신에 늘어나는 배송 및 데이터 수요를 위한 물류 센터, 데이터 센터 등의 부동산 수요가 증가하면서 부동산에 대한 시각도 다소 변화할 것으로 예상된다.

코로나 이후 언택트 확산에 대한 대비가 필요한 시점

코로나가 확산시킨 언택트 문화는 소비, 생활, 업무 등 다방면에 걸친 변화를 가져올 것으로 예상된다. 변화는 위험과 동시에 기회를 가져온다. 점원과 매장의 역할이 축소되는 상황에서 초개인화를 통해 고객과의 커뮤니케이션 기능을 유지하고, 눈에 띄는 차별성으로 인지도를 상승시키는 기업에게는 또 다른 기회가 될 수 있다. 또한 언택트 시대의 밑바탕이 되는 디지털 기술 및 플랫폼 활용 능력이 요구되는 시대가 될 것이다. 변화에 적응하는 기업만이 언택트 시대의 생존 가능성을 높일 수 있다.

언택트로 유발되는 사회적 고민에 대한 준비 또한 필요하다. 디지털 디바이스 사용에 익숙하지 못한 계층이 소외받지 않을 권리, 점차 플랫폼에 종속되어 지위의 안정성이 흔들리는 근로자, 경제적 파급효과가 큰 부동산 가치 변동 등에 대한 사회적 합의와 준비가 필요한 시점이다. 준비된 사회에서는 불필요한 접촉의 최소화로 편의성이 증진될 수 있으나, 준비되지 못한 사회에서는 소비자 간의 불평등, 사회안전망 부실화, 자산 가치의 안정성 약화 등의 부정적 효과가 나타날 수 있어 이에 대한 고민이 필요한 시기이다.

3장

명암이 엇갈리는
IT & 투자 시장

데이터센터에 대한
투자를 주목하라

황규완

세계 각국이 셧다운과 같은 극단적인 선택을 하면서 사람들은 집 안에서 시간을 보낼 수밖에 없고, 이에 적응하는 과정에서 생활 패턴 역시 크게 변하고 있다. 그 대표적인 사례가 언택트 문화의 확산이다. 언택트 문화의 정착은 ICT 기술 발전과 인프라 수요를 촉진하는 선순환 구조를 낳게 될 것이다. 이 같은 변화 속에서 자연스럽게 데이터센터에 대한 수요가 확대될 전망이다.

데이터센터 투자 시장에 대한 이해

팬데믹이 선언된 코로나19는 기존 바이러스와 다른 양태를 보이는 것으로 알려져 있다. 일반적으로 바이러스는 전염력이 높으면 치사율이 낮고 치사율이 높으면 전염력이 낮지만, 코로나19는 전염력이 매우 높으면서 치사율도 비교적 높은 편에 속한다는 것이다.

문제는 이 바이러스를 예방하는 백신이나 치료제가 아직 없다는 점이다. 그 결과 세계 각국은 셧다운과 같은 극단적인 선택을 할 수밖에 없었다. 셧다운으로 인구 이동이 극단적으로 제한되면서 정상적인 경제 활동이 불가능한 상황이 되었지만, 백신과 치료제가 없는 상황에서 사태를 진정시킬 수 있는 유일한 방도는 그것밖에 없다고 인식되었기 때문이다.

이제 사람들은 원하든, 원하지 않든 상당 기간 집 안에서 시간을 보낼 수밖에 없으며, 이에 적응하는 과정에서 생활 패턴 역시 크게 변화하게 될 것이다. 이러한 생활 패턴 변화의 대표적인 사례가 집 콕으로 대변되는 언택트 문화의 확산이다. 그리고 언택트 문화의 정착은 다시 ICT 기술 발전과 인프라 수요를 촉진하는 선순환 구조를 낳게 될 것이다. 이 같은 변화 속에서 자연스럽게 데이터센터에 대한 수요가 확대될 전망이다. 데이터센터야말로 0과 1로 구성된 데이터를 기반으로 한 언택트 문화의 가장 기본적인 인프라 중 하나이기 때문이다.

데이터센터란 서버 컴퓨터와 데이터 저장 장치를 보관하고 외부 회선과 이를 연결하는 네트워크 회선을 제공하는 건물이나 시설을 말한다. 쉽게 말해 인터넷 사용자가 얻는 정보의 대부분이 저장되어 있는 건물을 의미한다. 데이터센터에는 크게 두 종류가 있다. 데이터를 단순히 저장, 연결해주는 전통적인 의미의 데이터센터(인터넷 데이터센터)와 클라우드 서비스를 기반으로 하는 클라우드 데이터센터가 그것이다. 우리가 흔히 볼 수 있는 데이터센터는 대부분 인터넷 데이터센터이지만 최근에는 클라우드 서비스가 확대되면서 클라우드 데이터센터가 빠르게 증가하고 있다.

코로나19 사태 이전에도 데이터센터에 대한 투자는 활발히 이뤄졌으며 향후 전망도 밝았다. Technovia(2018)에 따르면 2017년 글로벌 데이터센터 투자 시장의 규모는 1,549억 달러로 집계되었으나 이후 꾸준히 성장해 2022년에는 2,519억 달러 수준에 도달할 것으로 전망되었다. 성장률로만 따지면 매년 10.2% 수준의 고성장이 기대되고 있는 것이다. 이러한 성장세는 무엇보다 스마트폰 보급이 빠르게 확대되면서[1] 관련 서비스 시장 및 데이터의 보관·유통 인프라가 연쇄적으로 증가할 것으로 예상되기 때문이다. 또한, 4차 산업혁명과 관련해 IoT 및 AI를 활용한 데이터 분석 서비스 등 신규 분야의 빠른 성장이 기대되는 점도 데이터센터 투자 시장의 성장을 촉진하는 요인으로 기대되고 있다.

이러한 데이터센터를 구축하는 데에는 초기에 대량의 자본이 소요된다. 데이터센터는 오피스나 주택과는 다르게 도심에 입지할 필요는 없어 토지비가 상대적으로 적게 들지만 공조 및 전기·통신 설비 등 설비 구축 비용이 대규모로 소요된다. 예를 들면 안전한 전력 공급을 위해 전력을 2개 이상의 발전소로부터 공급받는다거나, 정전에 대비해 비상발전시스템(UPS)을 구축한다거나, 대규모 데이터 회선을 확보하는 등의 설비에 상당한 비용이 투자된다. 또한, 열에 취약한 데이터 저장 장치를 위한 최적의 공조 설계 등 부대비용도 상당하다.

---

[1]   2010년에서 2017년 사이에 선진국의 스마트폰 보급률은 19%에서 76%로 증가했으며 신흥국은 5%에서 63%로 확대되었다.

데이터센터 수요의 급속한 확대와 대량의 자본 소요라는 문제는 전문 투자 자본의 참여로 해소될 전망이다. 현재도 미국 등 자본 시장이 발달한 지역에서는 데이터센터를 기초 자산으로 하는 전문 투자 상품이 판매되고 있다. 대표적인 투자 상품으로는 REIT(Real Estate Investment Trust)를 들 수 있다. 이 상품은 주식시장에서 일반 주식처럼 매매할 수 있으며 데이터센터에서 얻어지는 수익의 90% 이상을 배당받을 수 있는 구조다. 미국에서는 데이터센터에 투자하는 REITs를 독립된 섹터로 구분할 정도로 인기를 끌고 있다. (그림1)

데이터센터 REITs Index는 2016년 1월 1만 5,353.0이었으나 2020년 2월에는 2만 9,281.1을 기록하는 등 2016년 이래 연평균 18.3%의 성장률을 보였다. 전통적인 REITs라 할 수 있는 오피스 REITs의 성장률이 같은 기간 10.1%였던 것에 비하면 2배 가까운 수익률을 거뒀으며 S&P500 지수의 연평균 성장률 13.5%에 비해서도 월등했다. 또한, 미국 전체 REITs 시가 총액에서 데이터센터 REITs가 차지하는 비중도 7% 내외를 차지할 정도로 성장했다. 저금리로 부동산과 같은 대체투자가 각광받고 있는 가운데 데이터센

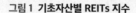

그림 1 기초자산별 REITs 지수

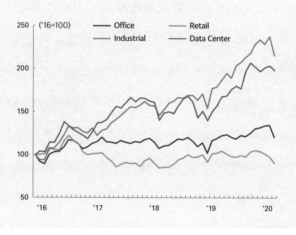

250 ('16=100) ── Office ── Retail

── Industrial ── Data Center

200

150

100

50

'16 '17 '18 '19 '20

자료: Bloomberg, NAREIT

터에 대한 높은 성장 가능성이 부각되면서 나타난 결과이다.

데이터센터 투자에 대한 자본시장의 관심이 높아지면서 M&A를
통해 기존 데이터센터를 매입하는 투자도 확대되고 있다. 2017년
데이터센터 M&A 규모는 250억 달러 수준으로 추정되며 거래 건수
는 2015년 17건에서 2017년 48건으로 크게 확대되고 있다. 데이
터센터 M&A 시장은 전문 투자회사인 REITs가 주도했다. Equinix,
Digital Realty 등 데이터센터 REITs 가 추진한 M&A는 지난 3년간
전체 M&A 딜의 절반 수준에 달했다. 데이터센터 REITs가 이처럼

적극적으로 M&A에 참여하는 이유는 자산 규모를 확대해 규모의 경제를 달성하고자 하는 이유가 가장 크다. 부수적으로 데이터센터 간 네트워크 효과와 같은 차별화된 서비스를 제공할 수 있다는 점에서 록인(Lock-in) 효과를 기대할 수도 있다. 이 경우 데이터센터 이용 고객은 비즈니스 파트너와의 데이터 레이턴시를 줄일 수 있을 뿐만 아니라 데이터센터 운영자가 일정 수준 이상의 고객을 확보할 경우 자체 생태계를 구성할 수도 있게 된다.

근본적인 원인, 데이터 트래픽의 확대

데이터센터에 대한 투자가 확대되는 가장 근본적인 원인은 글로벌 데이터 유통량(IP 트래픽: 트래픽)이 증가할 것이기 때문이다. 데이터센터가 데이터를 저장하고, 저장된 데이터를 연결해주는 역할을 한다는 점을 감안하면 다른 요인들은 트래픽 확대의 세부 내용에 불과하다. 글로벌 트래픽은 2017년 현재 매월 약 122EB(Exabyte=1,018byte) 수준이지만 2020년에는 매월 396EB 수준으로 증가할 것으로 전망되고 있다. (그림 2)

스마트폰으로 대표되는 모바일 기기가 보편화되면서 데이터 접

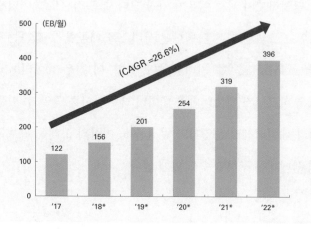

그림 2 글로벌 데이터 트래픽

(EB/월)

- '17: 122
- '18*: 156
- '19*: 201
- '20*: 254
- '21*: 319
- '22*: 396

(CAGR =26.6%)

자료: "Cisco 비주얼 네트워킹 인덱스 - 2017~2022년 전망 및 추세", Cisco(2018).

속의 제약이 크게 사라지고 있는 점은 트래픽 확대의 가장 큰 요인
이다. 접속의 제약이 사라지면서 각종 인터넷 기반 서비스가 출시되
었으며 고객들이 서비스상에서 활동한 모든 내용이 데이터센터에
기록, 보관되고 있다. 서비스 업체는 보다 편리하게 고객이 정보를
얻을 수 있도록 정보 전달의 수단을 텍스트 기반에서 동영상 기반으
로 전환하고 있으며 이는 트래픽 확대를 더욱 부추기고 있다. 이미
기성 미디어를 대체할 정도의 영향력을 행사하고 있는 유튜브뿐만
아니라 넷플릭스를 위시한 OTT 사업자가 늘어나고 있으며 텍스트
기반의 SNS 역시 동영상 기능을 추가하는 등 인터넷 서비스에서 동

영상이 차지하는 비중은 날로 늘어가고 있다.

동영상의 비중이 늘어나면서 자연스럽게 고화질 영상의 유통도 확대될 수밖에 없다. 고화질 모바일 기기와 대형 TV의 보급 확대로 일반 사용자도 화질 차이를 명확히 느낄 수 있는 환경이 도래했기 때문이다. 아직은 Full HD 규격 이하의 화질이 대부분을 점유하고 있지만 간혹 4K 동영상이 올라오는 경우도 있는 등 고화질 동영상에 대한 잠재 수요는 높은 편이다. Full HD 규격(1,920×1,080)의 화질이 207만 개 화소로 구성되어 있는 반면 4K(3,840×2,160) 화질은 4배인 829만 개의 화소로 구성되어 있어 화질 차이에 따라 트래픽도 기하급수적으로 증가하게 된다.[2]

이로 인해 2017년 월 평균 56EB 수준이었던 동영상 관련 트래픽은 2022년에는 240EB로 성장할 것으로 예상된다. 전체 트래픽에서 동영상이 차지하는 비중 역시 확대될 것으로 전망되는데 2017년에는 46% 수준이었으나 2022년에는 60%를 넘어설 것으로 예측되

---

2 다만, 동영상은 원본으로 유통되지 않고 압축되어 유통되므로 압축 기술에 따라 트래픽의 증가 수준은 낮아질 수 있다.

었다.

코로나19 이후 고화질 동영상에 대한 수요는 과거보다 크게 확대될 것이며 이에 따라 기초 인프라인 데이터센터 건립 요구도 더 크게 증대될 전망이다. 코로나19 확산으로 집에 머무르는 사람이 늘어나면서 동영상 서비스 수요가 크게 증가해 네트워크에 부담을 주게 되자 유튜브는 기본 화질을 고화질(HD 화질)에서 저화질(SD 화질)로 하향 조정한 바 있다. 기본 인프라가 확충되지 못할 경우 서비스가 수요를 따라올 수 없음이 이미 입증된 것이다. 코로나19 이후 글로벌 ICT 업체는 데이터센터 확충에 보다 적극적으로 나설 수밖에 없을 것이다.

또한, 셧다운으로 출퇴근이 어려워진 회사들이 적극적으로 재택근무를 도입하면서 클라우드 서비스가 확대되고 있다는 점도 주요한 요인이 될 것이다. 클라우드 서비스를 활용할 경우 어디서든 회사와 거의 유사한 환경에서 근무할 수 있어 업무 효율이 극대화될 수 있다. 우리나라의 경우 상당수의 기업이 코로나19로 재택근무를 실시했으며 코로나19 사태 진정 이후에도 적극적으로 활용할 것이라는 전망이다.

클라우드 서비스와 관련해서는 소프트웨어를 개인에게 일일이 판매하지 않고 웹상에서 직접 활용할 수 있게 하는 SaaS(Software as a Service) 시장이 확대될 것으로 기대된다. SaaS 사업자는 과거와 달리 소프트웨어를 직접 판매하지 않고 고객이 사용한 만큼(종량제) 또는 월정액으로 요금을 받게 된다. SaaS 시장 규모는 2018년 기준 약 800억 달러 수준이지만 2022년에는 1,437억 달러로 4년 만에 80%가량 성장할 것으로 예상된다. SaaS는 기본적으로 클라우드 데이터센터에서 구동되므로 SaaS 시장의 확대 역시 트래픽 확대

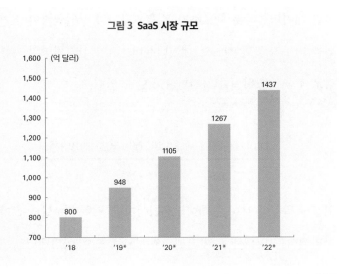

그림 3 SaaS 시장 규모

자료: Gartner(<조선비즈> 재인용)

와 데이터센터 수요 증대로 이어지게 될 것이다. (그림 3)

여기에 4차 산업혁명으로 인한 IoT 및 AI 산업에 대한 발달 기대감은 트래픽 확대를 더욱 가속화할 것으로 예상된다. IoT 등을 통해 실시간으로 수집되는 빅 데이터는 AI를 통해 분석, 활용될 것이며 이 과정에서 대량의 데이터가 데이터센터를 통해 쌓이고 유통될 수밖에 없다. 특히 4차 산업혁명에서 중요한 것은 단순히 데이터를 수집, 저장하는 것이 아니라 확보된 데이터를 실효성 있게 활용하는 데에 있다. 이를 위해서는 AI를 통한 분석 및 모델링이 필수적인데 이 과정의 대부분이 데이터센터에서 이뤄지게 된다. 결과적으로 충분한 데이터센터를 확보하지 못할 경우 4차 산업혁명이 소기의 성과를 거두지 못할 정도로 데이터센터는 4차 산업혁명의 기본 인프라로서 중요한 위치를 차지한다고 할 수 있다.

데이터센터의 세대교체, 클라우드 데이터센터

외견상 똑같아 보이는 데이터센터이지만 운용하는 형태에 따라 데이터센터는 인터넷 데이터센터와 클라우드 데이터센터로 구분된다. 인터넷 데이터센터는 데이터가 데이터센터에 직접적으로 저장,

보관된다. 일부 데이터 백업을 실행하기도 하나 기본적으로는 인터넷 데이터센터가 물리적으로 파괴되거나 데이터센터에 대한 외부 공격으로 데이터가 소실될 경우 데이터의 복구는 사실상 어려워진다. 우리나라의 기업체들이 그동안 구축해온 데이터센터는 대부분 인터넷 데이터센터였다.

인터넷 데이터센터는 ICT 사업자가 직접적으로 데이터센터를 관리함으로써 용도에 최적화된 운영이 가능했을 뿐만 아니라 보안 측면에서 사업자에게 유리한 환경을 제공하고 있어 우리나라 기업들이 선호해왔다. 또한, 규제 측면에서 개인정보 등 민감한 자료의 경우 국내에 저장소를 확보해야만 했기 때문에 고객정보가 필수적으로 포함되는 기업의 입장에서는 인터넷 데이터센터를 구축할 수밖에 없었고, 클라우드 데이터센터 또는 클라우드 서비스 활용의 필요성은 상대적으로 낮았었다.

그러나 인터넷 데이터센터는 유연성이 떨어진다는 단점이 있다. 처리해야 하거나 저장해야 할 데이터의 양이 많아질 경우 빠르게 대응하기 어려워 서비스의 품질이 떨어지는 문제가 발생하기 쉽다. 서비스 사업자와 ICT 운영자가 물리적으로 용량을 증설하거나 데이터 회선을 확장하는 등 대응에 시간이 걸릴 수밖에 없기 때문이다. 또한, 확대된 서비스 요구가 갑자기 줄어든다거나 해서 용량을 다시 감소시킬 경우 기존에 투자된 서버 및 저장 장치는 매몰비용[3]이 되는 경우가 허다하다.

반면 클라우드 데이터센터는 이러한 문제점에서 자유롭다. 클라우드 사업자에게 요청하여 용량을 늘리기만 하면 되기 때문이다. 만일 서비스 수요가 줄어 용량을 줄일 때에도 마찬가지이다. 게다가 회사가 직접 서버나 저장 장치를 구입하는 것이 아니므로 매몰비용이 발생하지도 않는다. 이런 측면에서 클라우드 데이터센터를 활용하는 기업이 늘어나고 있다. 과거 약점으로 지적되었던 보안 문제도 기술 발전으로 상당 부분 보완이 가능해졌으며 무엇보다 기업들이 성공 여부가 불확실한 온라인 신규 서비스에 꾸준히 진출하고 있어 데이터센터의 유연성이 매우 중요시되고 있다.

일반인들에게 잘 알려진 글로벌 유수의 기업들은 이미 클라우드

---

[3]   이미 지출해서 회수할 수 없게 된 비용을 의미한다. 사례의 경우 용량 확보를 위해 기자재를 구입하기 위해 지출한 비용은 이미 써버린 돈이므로 매몰비용에 해당한다.

데이터센터를 적극적으로 활용하고 있다. 이 중 대표적인 회사가 넷플릭스이다. 세계적인 OTT 회사인 넷플릭스는 기존의 인터넷 데이터센터로는 서비스 확대에 제약이 많다고 판단, 글로벌 클라우드 서비스를 제공하는 아마존 웹 서비스(AWS: Amazon Web Services)로 데이터 전체를 이전했다. 글로벌 서비스 진출을 시도하는 과정에서 클라우드 데이터센터의 유연성이 매우 중요했기 때문이다. 진출하는 국가의 수요 수준이 불분명한 상황에서 직접 데이터센터를 구축하는 형태의 인터넷 데이터센터는 상당한 부담으로 다가왔을 것이다. 반면, 클라우드 데이터센터를 활용할 경우 수요의 변동에 적극적으로 대응할 수 있어 일정한 서비스 수준을 유지하기가 용이해지는 장점이 있다.

이처럼 클라우드 데이터센터의 장점이 부각되면서 클라우드 데이터센터가 데이터센터의 주류를 이루게 되었다. 그런데 클라우드 데이터센터는 그 구조상 기존의 인터넷 데이터센터보다 더 많은 데이터센터를 구축해야만 한다. 클라우드 데이터센터는 특정 데이터센터에 데이터가 저장되는 것이 아니라 클라우드 사업자가 임의로 구성한 다양한 데이터센터에 분산되어 저장될 뿐만 아니라 자동적으로 2중, 3중의 백업이 이뤄져야 하기 때문이다. 결국 클라우드 데이터센터가 주류를 이루는 시장에서는 동일한 용량의 데이터를 저장하기 위해 더 많은 데이터센터를 구축해야 하는 것이다.

데이터센터의 대형화

최근 데이터센터를 개발하는 데 있어서 되도록이면 대형화를 추구함으로써 유지 관리 비용의 절감을 도모하는 경향이 강해지고 있다. 데이터센터는 다른 부동산보다 유지 관리 비용 부담이 커 생애주기 전체에 소요되는 지출이 개발 수익성 판단에 주요한 준거가 되기 때문이다. 대형 데이터센터의 개발은 대규모 초기 자본 소요로 이어지므로 자본시장의 적극적인 참여를 유도하는 동력이 될 전망이다.

데이터센터의 유지 관리 비용은 대부분 전력 사용료에서 발생한다. 전력 사용료는 서버의 운영에 쓰이는 전력 사용료와 데이터센터 냉각 등 부대설비에 활용되는 전력 사용료로 크게 구분된다. 전자의 경우 데이터센터 건립자의 노력으로는 해결할 수 없고 컴퓨팅 기술의 발달로 해소할 수 있는 문제이므로 절약이 불가능하다.

이에 데이터센터 운영 시 가장 중요하게 고려되는 것은 후자인 부대설비에 활용되는 전력 사용료의 절감이다. 이 부분이 제대로 고려되지 않을 경우 데이터센터 전체 생애주기에 소요되는 비용이 크게 확대되면서 수익성이 악화될 수 있기 때문이다. 이를 위해서는 대용량의 공조 장치 및 전력 공급망 구축 외에도 냉각 효율이 극대화되는 특수한 설계 등을 적용할 필요가 있다. 다른 시설의 유지 관리와 마찬가지로 데이터센터 역시 대형화할수록 유지 관리 비용이 낮아지게 된다.

이런 장점 때문에 최근 선진국에서는 하이퍼스케일 데이터센터 구

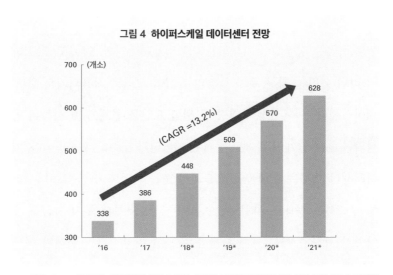

그림 4 하이퍼스케일 데이터센터 전망

자료: Gartner("글로벌 데이터센터 변화 추세 및 시사점", 정보통신정책연구원, 동향 통권 680호 재인용)

축이 각광받고 있다. 데이터센터의 규모에 대한 명확한 정의는 없으나 통상 10만 대 이상의 서버를 적재할 수 있고 연면적 2.25만m² 이상의 규모를 갖춘 데이터센터를 하이퍼스케일 데이터센터로 보고 있다. 글로벌 하이퍼스케일 데이터센터 수는 2017년 기준 386개소로 집계되고 있으나 2021년에는 628개소로 2배가량 늘어날 것으로 예상된다. 만일 코로나19로 인해 데이터센터에 대한 수요가 기존 예상보다 확대될 경우 하이퍼스케일 데이터센터의 성장은 더 가속화될 것이다. (그림 4)

투자에 주의해야 할 위험 요인들

이렇듯 높은 성장성이 기대되는 데이터센터이지만 "하이 리스크 하이 리턴"이라는 자본 투자 시장의 특성이 그대로 적용되기도 한다. 데이터센터 투자 시장의 가장 큰 위험 요인은 현재 투자 시장이 형성되는 초기 단계인 관계로 누적된 데이터가 부족하다는 점이다. 데이터센터 투자는 오랫동안 ICT 회사 또는 기업이 직접 데이터센터를 구축하는 형태로 이뤄져왔고 자본시장으로부터 투자 자금을 유치하기 시작한 역사는 매우 짧다. 그리고 자본시장의 참여가 어느 정도 익숙해진 최근에 들어서야 REITs 등 금융투자 상품으로 개발되었다. 따라서 아직은 데이터센터 투자의 위험 수준 또는 위험 대비 수익률이 충분한지의 여부는 불확실한 상황이다.

특히, 데이터센터는 특수 목적용으로만 사용이 가능하고 다른 부동산과 달리 도심보다 외곽에 들어선 경우가 많아 용도 전환이 매우 곤란하다. 건물 및 설비는 감가상각이 이뤄지므로 자산가치의 상승을 기대하기 어렵고 토지의 가치 상승에 절대적으로 의존하게 되는데 외곽 지역의 토지 가격이 높게 상승하는 것을 기대하기는 어렵다. 특히 데이터센터가 기술에 기반한다는 점은 이러한 문제를 더욱 부각시킨다. 기술은 매우 빠르게 발전하는 속성이 있으므로 기존에 사용하던 설비의 감가 속도도 빠르다. 물리적으로는 충분히 사용 가능하지만 표준이 바뀐다거나 더 저렴하고 효율이 높은 기술이 등장하면 갑작스럽게 도태되어 철거 비용만 발생할 우려도 있다.

또 다른 문제는 데이터센터가 국가 경제에 미치는 긍정적인 효과는 명확한 반면, 지역 경제에 미치는 효과는 매우 모호하다는 점이다. 데이터센터는 소수의 관리 인력으로 운용되므로 현장에서 근무하는 근로자는 최소화하게 된다. 따라서 근무자의 소비로 인한 지역 경제 활성화 효과는 크지 않다는 단점이 있다. 반면, 대량의 전력을 소비하는 과정에서 발생할 수 있는 전자파 등의 문제로 지역 주민들에게는 혐오 시설로 인식될 수 있다. 따라서 데이터센터를 개발하는 과정에서 주민의 반대가 있을 경우 지자체가 인허가를 지연시키거나 심할 경우 계획이 취소되는 경우도 발생한다.

우리나라의 투자 확대

우리나라의 데이터센터 투자는 90년대부터 꾸준히 이어져왔다. 대부분이 인터넷 데이터센터이며 운영자는 인터넷 통신사업자들이었다. 기업들은 인터넷 통신사업자가 구축한 데이터센터에 서버를 설치(코로케이션)하거나 자체 데이터센터를 구축해 사용했다. 특히 민감한 정보가 보관되는 금융기관의 데이터센터나 정부 등 공공기관의 데이터센터는 대부분 직접 구축한 데이터센터 형태를 보여왔다. 그렇다 보니 데이터센터가 투자의 대상이 되지도 못했을뿐더러 클라우드 데이터센터의 구축과 같은 세계적인 트렌드에도 뒤처지고 있는 것이 현실이다.

그러나 민간과 공공기관 모두 앞으로 데이터센터 시장의 변화가 불가피하다고 인식하고 있어 근본적인 변화가 나타날 전망이다. 일부 대기업들이 클라우드 데이터센터로의 전환을 시도하고 있으며, 민감한 정보에 대한 보완을 위해 클라우드 데이터센터와 인터넷 데이터센터를 병용하는, 소위 하이브리드 데이터센터 시스템을 선택하는 등 다양한 시도를 하고 있다. 정부 역시 2016년 공공기관 민간 클라우드 이용 가이드라인을 제정하여 공공기관이 클라우드 데이터센터를 적극적으로 활용하도록 유도하고 있다.

또한, 우리나라의 클라우드 시장 성장 잠재력이 부각되면서 글로벌 클라우드 기업의 국내 진출과 이에 대응하는 데이터센터 구축도 이어지고 있다. 글로벌 클라우드 기업의 국내 진출은 AWS를 활용하는 넷플릭스가 국내 서비스를 개시하면서 본격화되었다. 클라우드 데이터센터는 세계 각지에 퍼져 있지만 데이터센터와 서비스 제공 지역 간의 물리적 거리가 멀 경우 데이터 전송에 소요되는 시간(레이턴시)이 늘어남에 따라 서비스 품질이 저하되는 문제가 있어 보통 서비스 지역에 서버를 개설, 거점을 마련하는 경향을 보인다.

5G 상용화, AI 자율주행차 개발 등으로 국내 통신 수요의 급증이 예상되고 있는 점, 중국과 지리적으로 가까운 점, 지자체의 적극적인 유치 노력 등이 맞물리면서 AWS를 위시하여 마이크로소프트, 구

글, IBM, 오라클 등 유수의 글로벌 클라우드 기업이 국내에 데이터 센터를 구축하고 있다. 뿐만 아니라 기존 국내 인터넷 통신사업자들도 클라우드 진출을 모색하고 있다. 결국 향후 클라우드화 및 하이퍼스케일 데이터센터 건립 등이 이어질 것이며 이에 소요되는 비용을 고려하면 자본시장의 참여가 불가피할 것이다. 따라서 우리나라에서도 차츰 데이터센터가 투자 대상으로 고려될 것으로 보인다.

정부의 의지가 강력한 점도 데이터센터 투자 시장에는 긍정적이다. 정부는 '2019년 데이터·AI 경제 활성화 방안'에서 2023년까지 데이터 가치사슬 전주기의 활성화, AI 생태계 조성, 데이터와 AI 융합 등을 지원할 계획이다. 이를 통해 2023년 국내 데이터 시장을 30조 원 규모로 성장시킬 예정이며, AI 유니콘 기업을 10개 육성하고 AI 융합 클러스터 조성 및 전문인력 1만 명을 양성할 계획이다. 또한, 2020년에는 데이터 인프라 구축 사업을 중심으로 하는 한국판 뉴딜 정책을 발표하는 등 어느 때보다 데이터센터 구축이 활발해질 전망이다.

데이터센터는 건물의 건축, 장비 제조, 시스템 구축, 운영, 유지 보수의 가치사슬하에 약 14종의 산업이 연계되어 생태계를 구성하는 것으로 알려져 있다. 즉, 데이터센터의 구축은 단순히 서버를 설치하는 건물을 건축하는 것에 그치는 것이 아니고 데이터센터 기반 서비스 제공 산업(전방), 장비 제조 산업(후방) 등에도 긍정적인 효과를 줄 수 있다. 이런 측면에서 데이터 산업의 기초 인프라가 될 뿐만 아니라 전후방 연계 효과가 커 경제에 미치는 파급 효과도 큰 산업으로 코로나19 종식 이후 경제 회복에 주요한 역할을 할 것으로 기대된다.

5G 주도권을 잡기 위한
통신 서비스의 구조 변화

김문태

2020년 5월 11일, 문재인 대통령은 취임 3주년 특별 연설에서 '한국형 뉴딜' 정책을 발표했다. 해당 정책은 코로나19로 인한 경기침체를 극복하고 미래 성장 산업의 글로벌 주도권을 잡는 것을 목표로 한다. 대통령은 '한국형 뉴딜'과 관련하여 "디지털 인프라를 구축하는 미래 선점 투자"라며 "5G(5세대 통신) 인프라 조기 구축과 데이터를 수집, 축적, 활용하는 데이터 인프라 구축을 국가적 사업으로 추진하겠다."고 말했다. 코로나19 시기를 거치며 성장 가능성이 더욱 높아진 5G 산업에 국가 차원에서의 투자와 육성을 천명한 것이다.

5G, 5세대 통신 방식

뉴딜 정책에서 언급된 5G는 5세대 무선 통신 방식을 말하는 것으로 빠른 속도, 저지연성, 대규모 단말기 수용 능력이라는 특성을 가진다.

속도 면에서 LTE 대비 20배 빠르고 이론적으로 최대 20Gbps(초당 기가비트)의 속도가 가능해진다. 무선통신 속도가 광통신망을 포함한 유선통신에 버금갈 정도로 상승한 것이다. 이에 따라 대용량 콘텐츠의 실시간 전송이 가능해진다. 고화질 영상이나 다차원으로 구성된 AR, VR 등의 대용량 서비스를 무선으로 전송할 수 있게 된 것이다. 고정형 5G 라우터를 통해 와이파이를 송출하는 방식으로 기존 유선 인터넷을 대체할 수도 있다.

또 다른 특징은 저지연성이다. 데이터 송수신 시 걸리는 지연 시간을 LTE 대비 1/20로 단축한 약 1ms(밀리세컨드)를 목표로 한다. 클라우드 게임, 자율주행 등 빠른 반응 속도가 요구되는 분야에 활용될 수 있다. 자율주행을 예로 들면 돌발 상황 발생 시 제동 거리를 단축시켜 사고 발생 가능성을 축소시킬 수 있다. 단말기 수용 능력은 기존 LTE에서는 1km²당 최대 10만 대를 수용 가능했으나 5G는 10배인 최대 100만 대까지 수용 가능해진다. 인구 밀집 지역에서도

그림 1 5G의 특성

구분	내용	주 활용 분야
빠른 속도	- 데이터 전송 속도 상승 - 최대 20Gbps 속도 - LTE 대비 20배 상승	고화질 영상, AR, VR
저지연	- 지연 시간이 약 1ms로 단축 - LTE 대비 1/20 수준	클라우드 게임, 자율주행
단말 수용 능력	- 동시 접속 가능한 단말기 증가 - LTE 대비 10배 상승	사물인터넷, 스마트 공장

자료: 언론 자료

끊김 없는 서비스가 가능하며, 다수의 센서를 사용하는 사물인터넷 분야에서도 활용도가 높아질 수 있다. (그림 1)

통신 서비스 수요 폭증, 당장의 호재로 작용하지는 않아

코로나19로 외출하는 것도, 사람을 만나는 것도 쉽지 않은 상황이다. 세계 각국이 자가격리를 시행하고 원격 근무, 원격 수업 그리고 공장 폐쇄 조치를 내렸다. 영화관 대신 집에서 넷플릭스나 유튜브를 시청하고, 업무와 학교 수업은 각각 재택근무와 온라인 화상 강의로 진행했다. 백화점이나 대형 마트 대신 온라인으로 쇼핑했다. 이 같은 생활의 근간에는 콘텐츠, 통신망, 휴대폰이 결합된 ICT 산업이 존재한다. 콘텐츠 기업이 제공한 영화 및 교육 콘텐츠는 유선 혹은 무선 통신망을 통해 전송되고, 휴대폰, 태블릿, PC 등의 단말기가 이를 전송받아 소비자에게 보여주게 되는 과정이다.

실제 사람과의 물리적 접촉이 사라진 자리에 디지털 데이터를 통한 온라인 접촉이 광범위하게 확산된 것이다. 관광지, 영화관, 도로, 건물에서 인적이 줄어든 반면, 통신 세계는 인산인해를 이루었다. 갑작스러운 수요 폭증으로 정상적인 통신 및 콘텐츠 이용이 어려운 국가도 나타났다. 통신 인프라가 제대로 갖춰지지 않은 유럽에서는 넷플릭스, 유튜브 등 동영상 서비스 이용 급증으로 안정적인 통신 서비스 이용이 어려워지자 영상 품질을 낮추어 전송했다. 갑자기 늘어난 자동차를 기존 도로가 감당하지 못하고 정체되자 자동차 2부제로 통행량을 제한하는 것과 유사한 상황이 벌어진 것이다.

수요가 급증했으나 이것이 통신 및 휴대폰 산업의 매출 상승, 또는 빠른 투자 증가로 이어지지는 않았다. 국내 통신 서비스의 경우 유선통신은 데이터 사용량에 따른 차이가 없는 정액 요금제이며, 무선통신은 무제한 요금제를 사용할 경우 고객 ARPU(Average Revenue Per User: 고객당 평균 단가)가 상승할 요인은 적다. 이미 인터넷 보급률이 충분히 높은 상황에서 신규 가입자를 기대하기도 어렵다. 더 빠른 통신 서비스를 위해 차세대 5G 필요성은 대두되었지만, 곧바로 투자로 이어지는 것에도 한계가 있었다. 실물경기 위축 우려가 존재하는 상황에서 통신사는 대규모 자금이 소요되는 통신망 투자를 섣불리 집행하기 어려웠다. 심지어 프랑스와 같은 일부 국가에서는 5G 주파수 경매마저 미루어지면서 계획되었던 통신망 투자는 코로나19 이후에나 가능할 것으로 보인다. 결국 통신 서비스에 대한 수요는 증가했으나 수익 측면에서도 투자 진행에서도 긍정적인 영향은 미미한 상황이다.

휴대폰 시장 상황은 더욱 좋지 않았다. 확진 우려에 따라 중국 등 주요 생산 지역이 공장 폐쇄에 들어가면서 공급에 차질이 생겼다. 수요 측면에서도 일부 재택근무 등을 위한 노트북, 태블릿 수요 증가가 있었으나 휴대폰 등 주요 품목 수요는 매장 방문을 자제하면서 위축된 상황이다. 스마트폰 성능의 상향 평준화가 이루어진 상황에서 휴대폰 교체는 시급한 사항이 아니기 때문이다. 미국, 유럽 등 선진국뿐만 아니라 신흥국에서도 수요가 위축되면서 판매량이 급감했다. 한국 기업의 경우 화웨이, 오포, 비보, 샤오미 등 내수 기업에 밀려 코로나19 이전에 이미 중국 내 점유율이 1%로 낮아졌으며 생산 기지도 동남아 등으로 분산된 상황이기 때문에 전염병 초기의 중국 확산 시에는 큰 영향이 없었으나 미국, 인도, 유럽 등 글로벌 단위로 확산되면서 판매 및 생산에 차질이 생겼다.

요약하자면 코로나19로 인해 기존 네트워크 인프라로 감당하기 어려울 만큼 통신 수요가 폭증하면서 콘텐츠 관련 기업들의 수혜가 존재하였으나 통신 서비스에 대한 영향은 중립적이었으며 휴대폰 산업에서는 부정적 영향이 더욱 크게 나타났다.

망중립성에 대한 재논의 촉진시켜

코로나19로 인한 수요 폭증과 통신 인프라의 부족은 전 세계에 걸쳐 망중립성 논의를 재점화시켰다. 망중립성이란 "통신망은 콘텐츠의 장르와 내용, 콘텐츠 제공자 및 이용자 등에 따른 차별 없이 통신 서비스를 제공해야 된다."는 개념이다. 다시 말해 통신망은 통신 회사의 전략적 판단 혹은 이용 대가 규모 등에 따라 데이터 속도나 품질을 변화시키지 않고 중립적인 역할을 해야 한다는 의미이다. 이와 관련하여 통신사와 콘텐츠 제공자(CP)는 통신망 이용 대가에 대해 전혀 다른 시각을 보여왔다. 통신사의 주장은 유튜브, 페이스북 등 콘텐츠 제공자는 통신망을 통해 수익을 창출하고 있으니 통신사에게 이에 합당한 이용 대가를 지불해야 된다는 것이다. 그러나 콘텐츠 제공자(CP)의 입장은 정반대이다. 소비자들은 통신 서비스 자체가 아닌 콘텐츠를 이용하기 위해 통신망에 가입하고 요금을 지불하므로 콘텐츠 업체가 통신사 수익을 창출하고 있으며 이용 대가를 지불하라는 것은 말이 안 된다는 입장이다.

초기 인터넷 시장에서 망중립성은 독과점적인 통신사의 무리한 가격 인상을 방지하고 다양한 비즈니스 모델이 시장에 출시되는 기반이 되었다. 하지만 엄격한 망중립성 적용은 트래픽 폭증에 대비한 통신사의 인프라 구축 유인을 약화시킬 수 있다. 미국에서는 이 같은 이유로 2018년 망중립성 원칙을 폐기했다. 특히 5G 시대에는 네트워크 슬라이싱 기술을 중심으로 이러한 논의가 확장되었다. 네트워크 슬라이싱이란 말 그대로 통신망을 잘게 쪼갠다(Slice)는 의미로, 통신망을 슬라이싱 하면 각각의 콘텐츠에 최적화하여 전송할 수 있게 되는 것이다. 이에 따라 특정 콘텐츠에 맞춤형 통신 환경을 제공할 것인지 중립적으로 제공할 것인지가 활발히 논의되고 있다. 통신사 입장에서는 각각의 콘텐츠에 맞게 최적화된 통신 환경을 제공할 수 있다고 주장하는 반면, 콘텐츠 입장에서는 통신사 재량에 따라 특정 콘텐츠에 최적화가 집중될 것을 우려하고 있다.

코로나19로 인해 일부 국가에서는 통신 인프라 부족이 나타나고 있으며, 코로나19 이후 경기 활성화와 네트워크 수요 충족을 위해 5G와 같은 초고속 통신망 투자 계획이 추진되는 상황에서 망중립성을 완화하자는 목소리가 커지고 있다. 코로나19로 인해 넷플릭스, 유튜브 등 온라인 동영상 서비스(OTT)의 트래픽 사용량이 폭증하자 유럽연합(EU)은 당분간 영상 스트리밍 전송률을 낮추도록 권고했다. 콘텐츠 제공자인 OTT 서비스 업체들은 위기 상황하에서의 망중립성 완화를 받아들이며 EU 권고안에 따라 영상 품질을 낮추어 전송했다. GSMA(세계이동통신사업자연합회) 또한 코로나19 위기 상황에서도 통신 연결성을 지속할 수 있도록 권고안을 제시했다. 망중립성 등 네트워크 관련 규제를 완화하여 통신 서비스 이용자가 모든 서비스를 이용할 수 있도록 해야 한다는 것이 골자다. 망중립성 완화로 안정성을 확보하여 모두가 통신 서비스에 자유롭게 접근할 수 있게 하자는 의견이 힘을 얻고 있는 상황이다.

단기적으로 5G 수요 급증은 기대하기 어려울 것

수요 측면에서 LTE 대비 5G를 다시 한번 살펴볼 필요가 있다. 3G

에서 LTE 시기로 넘어가는 것은 상당히 빠르게 이루어졌다. LTE 교체 수요의 핵심은 '불편함'이었다. 3G 통신상에서 고화질 사진으로 구성된 웹페이지는 버벅이고 동영상은 끊기기 일쑤였다. 반면, 5G 수요의 핵심은 '새로움'이다. 당장 사용하고 있는 SNS, 동영상 등은 LTE로도 불편함이 없다. 클라우드 게임, 원격 수술, 자율주행 등은 새로운 서비스이다. 이 중 몇몇 서비스는 아직 상용화조차 되지 않았다.

불편함은 경험이고 새로움은 상상이다. 사용 중인 서비스의 불편함은 피부에 직접 와닿지만 아직 사용하지 않은 서비스의 새로움은 생소하다. 경험은 보다 직관적으로 수요를 자극한다. 5G의 다양한 서비스가 언급되고 있지만 상상력을 자극할 만한 킬러 콘텐츠는 아직 부족하다.

또한 LTE 교체 시기 당시에는 스마트폰의 성능 향상이 매우 빠르게 이루어졌기 때문에 1년 전에 출시된 3G 폰과 새로 출시된 LTE 폰의 성능 차는 체감이 확실히 될 정도였다. 스마트폰 성능 향상은 과거와 유사하게 현재도 이루어지고 있지만 상향 평준화로 인해 소비자들이 크게 체감하기 어렵다. 갤럭시 S20은 S10 대비 진일보한 스펙을 가지고 출시되었지만 일반 소비자들은 S10으로도 큰 불편을 느끼지 않는다.

자주 사용하는 서비스에서의 불편함, 스마트폰의 빠른 성능 향상 등이 LTE 교체 수요를 창출했다면, 아직 경험하지 못한 새로운 서비스의 생소함, 체감이 크지 않은 스마트폰 발전 등으로 5G 교체 시기에 과거 LTE와 같은 빠른 수요 증가를 기대하기 어렵다. (그림 2) 코로나19로 인해 통신 서비스에 대한 수요는 증가하였지만 그것이 꼭 5G여야만 하는 이유는 약하다. 우리나라의 경우 아직 5G 구축이 완료되지 않았지만 기존 초고속 유선 인터넷과 전국 단위 LTE 유선망으로 코로나19 시기에도 통신 서비스 안정성이 크게 훼손되지 않았다.

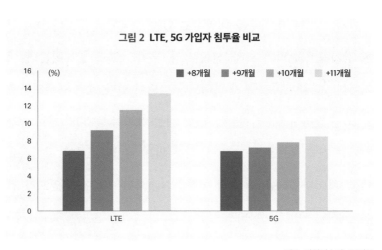

그림 2 LTE, 5G 가입자 침투율 비교

자료: 과학기술정보통신부

세계 각국의 5G 투자 전망

코로나19 이전, 세계 각국은 차세대 초고속 인터넷을 위한 5G 구축 계획이 있었다. 코로나19로 인해 대규모 투자 계획이 지연되고 일부 국가에서는 주파수 경매 등 필수적인 프로세스가 연기되는 상황이지만 코로나19 이후 정부 및 민간 차원의 투자가 확대될 것으로 예상된다. 대규모 설비 투자를 통한 경기 활성화 정책이 필요한 정부 입장에서는 예정되어 있던 5G 투자를 조기 집행하여 경기를 부양하는 한편, 4차 산업혁명 시대 핵심 통신 기술의 글로벌 주도권을 가져올 수 있기 때문이다.

먼저 코로나19 이후를 대비하고 있는 중국에서 코로나19로 인한 경기침체를 막기 위해 '신 인프라' 투자 계획을 발표했는데, 여기에는 5G 네트워크 투자 확대도 포함되어 있다. 중국 이통사들은 2020년 말까지 5G 기지국을 45만 개 추가하여 총 60만 개로 증가시키는 것을 목표로 하고 있다. 이를 위해 차이나모바일, 차이나유니콤, 차이나텔레콤 등 중국 이동통신 3사와 이동통신 인프라 건설 전문 업체인 차이나타워 등은 2020년 총 1,973위안(약 34조 원)을 투자할 계획이다. 미국 통신사업자도 2020년 5G 구축 계획을 안정적으로 추진할 계획이다. 버라이즌은 2월 60개 이상의 도시에서 28GHz 기반 밀리미터파(mmWave) 5G 커버리지를 구축했으며, 2020년 말까지 6GHz 저대역 주파수를 사용하여 커버리지를 확대할 계획이다. T모바일은 스프린터와의 합병으로 획득한 2.5GHz 주파수를 활용하여 미국 전역에 5G 네트워크를 구축하는 한편 3GHz 이상의 중간대역 투자도 확대할 계획이다. 우리나라도 한국형 뉴딜 정책을 통해 2020년 상반기 중 5G 인프라 구축에 4조 원을 조기 집행할 계획이다.

EU의 경우에는 프랑스, 스페인, 포르투갈 등이 코로나19로 인해 5G 주파수 경매가 연기되면서 투자 지연이 불가피한 상황이지만, 초고속망 구축에 노력을 기울여왔던 만큼 코로나19가 어느 정도 완화된 이후에는 5G 투자가 이루어질 것으로 판단된다.

한국의 5G 투자 계획은?

한국 정부는 국가적 차원에서 5G 투자에 대한 정책적인 계획을 발표했다. 앞서 언급한 한국형 뉴딜 정책의 일환으로 5G CAPEX (Capital expenditures: 미래의 이윤 창출, 가치 취득을 위해 지출된 비용) 투자 4조 원의 조기 집행이 그것이다. 4조 원 규모 투자란 어떤 의

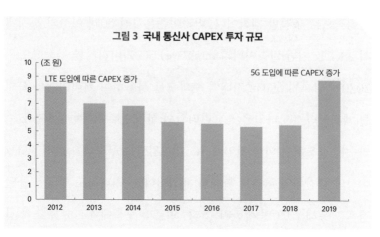

그림 3 국내 통신사 CAPEX 투자 규모

자료: 통신 3사(SKT, KT, U+)

미일까? 우선 LTE가 도입되던 2012~2014년 CAPEX 투자 규모는 연간 약 7~8조 원이었고 5G 상용화 첫해인 2019년의 투자 규모는 약 9조 원이었다. 한국형 뉴딜 정책의 5G 투자 규모는 기존 계획인 2.7조 원보다 48% 증가하기는 했지만, 통신 세대 교체 시기임을 감안하면 반기 4조 원 규모는 평소 대비 큰 액수가 아니다. 그것도 단순한 증가가 아니라 하반기 예산을 '조기'에 집행하는 것이다. 4차 산업혁명의 필수 인프라가 될 것이라는 전망과 코로나19 경기 위기를 탈피하기 위한 뉴딜 정책이라는 거창한 이름에 비해서는 뜨뜻미지근한 규모인 셈이다. (그림 3)

통신사 입장에서 수요가 뒷받침되지 않는 CAPEX 투자는 비용 부담으로 다가올 수 있다. 통신사 CAPEX 투자는 감가상각비 상승을 야기하지만 요금제 상승에 따른 ARPU 개선이 이를 상쇄하는 구조로 이루어진다. 현재 5G 요금제는 LTE 대비 2~3만 원 상승했다. 최저요금이 LTE는 3만 3,000원이었으나 5G는 5만 9,000원이며, 가장 저렴한 데이터 무제한 요금제는 LTE가 5만 9,000원인 반면 5G는 7만 9,000원이다. 하지만 요금이 상승하더라도 고객 수가 증가하지 않는다면 매출 상승은 제한적이다. 코로나19로 인해 매장 방문이 줄고, 스마트폰 교체 수요가 위축되면서 수요 불확실성이 더욱 상승한 상황이다.

다시 코로나19 뉴딜 정책의 5G CAPEX 투자에 대해 말하자면, 수요 불확실성으로 투자가 반기 2.7조 원 수준으로 위축되었으나 경기 활성화 및 5G 기술의 선도적 지위를 위해 4조 원 규모로 조금 더 서둘러서 일반적인 세대 교체 시기 수준으로 증가시켰다고 해석할 수 있다. 정부 차원에서 코로나19 이후 집중 육성 산업을 천명함으로써 정책 방향을 확실히 했다는 점에서 의의를 가진다.

단기적으로 5G 킬러 콘텐츠가 부족하고 일부 국가에서는 5G 주파수 경매 등 필수 프로세스 자체가 연기되면서 빠른 확산은 기대하기 어려운 상황이다. 통신장비 에릭슨은 전 세계 인구 65%가 5G를 사용하게 되는 2025년에나 5G 수요가 증가할 것이라고 바라봤다. 하지만 5G 네트워크는 빅데이터, 사물인터넷, AI 등 다가오는 4차 산업혁명을 선도하기 위한 필수적 인프라이다. 국가마다 도입 속도의 차이가 있을 뿐 5G 확대라는 목표에는 크게 이견이 없어 보인다. 코로나19로 인해 잠시 투자가 지연되고 있으나 오히려 코로나19는 5G 투자 확대의 계기로 작용하고 있다. 코로나19 시기를 겪으면서 증가한 동영상 플랫폼, 온라인 교육, 이커머스 등 비대면 서비스(언택트) 수요는 다중 접속 및 빠른 속도를 지원하는 통신 인프라의 필요성을 증가시켰다. 또한 코로나19 이후 경기 활성화 및 미래 기술 선도를 위해 한국, 중국과 같이 각국 정부가 5G 인프라 투자를 촉진할 수 있다.

망중립성에 대한 논의도 다소 변화가 감지된다. 코로나19와 같은 데이터 수요 폭증 시에도 접속 안정성을 보장하기 위해 중립성 규제를 완화해야 한다는 주장이 힘을 얻을 수 있다. 코로나19 이후 5G 시대의 망중립성 논의는 네트워크 슬라이싱으로 더욱 확장될 것이다. EU는 5G 네트워크 슬라이싱을 허용하는 망중립성 가이드라인을 준비하고 있다. 필요 인프라의 규모, 국가적인 디지털 산업 전략,

접속 안정성과 콘텐츠 다양성 등에 따라 국가별로 망중립성 규제는 다소 차이가 있겠으나, 코로나19 이전과 비교하여 다소 완화될 것으로 예상된다.

코로나19 이후 정부 및 통신사의 투자 의지 및 망중립성 규제 완화 추세로 5G 인프라 구축 환경이 개선되면서 커버리지 확대가 예상된다. 커버리지 확대에 따라 점진적으로 5G 전용폰 출시가 증가하고, AR, VR, 클라우드 게임, 자율주행, 원격 진료, 스마트 공장 등 5G 전용 서비스도 보다 풍부해지면서 소비자 수요도 증가할 것으로 판단된다. 장기적으로 5G 인프라는 빠른 속도, 저지연성, 대규모 단말기 수용 능력 등을 기반으로 4차 산업혁명 시대의 밑바탕을 이루며 통신망, 휴대폰, 콘텐츠로 구성된 디지털 생태계를 구축할 것이다.

국내 통신장비 산업에 직접적 수혜 예상

한국 정부는 4조 원 조기 집행 외에도 5G 인프라 구축 비용에 대한 세액 공제 혜택과 기지국에 부과되는 등록·면허세 감면 등 지원 정책을 마련하고 있다. 5G 인프라 투자의 가장 직접적인 수혜 대상은 통신장비 관련 산업이다. 5G 인프라 구축 자체가 직접적으로 통신 장비 업체의 매출을 발생시킨다. 올해 안에 도입되기로 한 5G 단독 모델(SA, stand alone: LTE 혼용 없이 5G 주파수만으로 작동)이 도입되기 위해서는 커버리지 확대가 필수적이다. 또한 빠른 속도를 제공하는 28Ghz 주파수 대역에 대한 투자가 활성화되면 인프라 투자가 더욱 증가할 수 있다. 고주파인 28Ghz 대역은 빠른 속도가 장점이지만 장애물에 취약하기 때문에 촘촘한 기지국 구축이 요구된다. 당분간 연간 6~8조 원 규모의 국내 인프라 투자가 이어지면서 통신장비 수요가 지속될 전망이다. 또한 선도적인 5G 인프라 구축은 국내 통신장비 업체가 글로벌 경쟁력을 강화할 수 있는 기회로 작용할 것

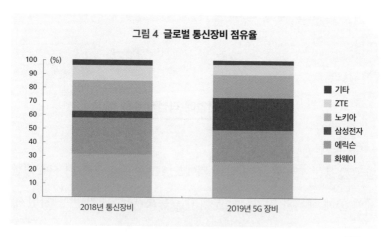

그림 4 글로벌 통신장비 점유율

자료: HIS

이다. 실례로 2018년 삼성전자는 전 세계 통신장비 시장에서 5%의 점유율을 차지하며 5위를 기록했으나, 한국이 세계 최초 5G 상용화에 성공한 2019년 5G 통신장비 시장에서 점유율 23.3%를 기록하며 화웨이, 에릭슨, 노키아 등 통신 3강 업체와 유사한 점유율을 차지하였다. (그림 4)

통신 서비스 사업자 입장에서는 단기적으로 중립적 영향이 예상된다. 5G 통신 인프라를 구축 중인 국내 사업자 입장에서는 인프라 투자에 몇조 원에 달하는 자금이 소요되고 있다. 코로나19로 인해 데이터 수요는 크게 증가하였지만, 정액제로 제공되고 있는 점을 감안하면 데이터 사용 증가가 수익 증가로 이루어지기 어렵다. 망중립성 완화로 인한 콘텐츠 제공자로부터의 이용 대가 상향은 아직 논의 중이다. 다만, 장기적으로 5G 인프라가 충분히 구축된 이후 5G 보급률이 상승하면서 ARPU 개선이 나타날 전망이다. 현재 클라우드 게임을 필두로 다양한 5G 전용 콘텐츠 또한 개발되고 있어 추후에는 부가 서비스 수입 증가도 기대할 수 있다.

스마트폰 수요는 단기적으로 부진할 수밖에 없다. 수요 위축과 생산 차질로 2020년 1분기 전 세계 스마트폰 출하량은 전년 동기 대비 13% 감소했다(카운터포인트 리서치). 2020년 올해 스마트폰 시장은 약 10% 정도 감소할 것으로 예상된다. 삼성전자는 미국, 인도, 유럽 시장 위축으로 2020년 1분기 출하량이 전년 동기 대비 18% 감소했다. 코로나19 직후 수요 위축으로 중저가폰 위주 시장이 형성될 것으로 보인다. 프리미엄 제품을 주로 판매했던 애플 또한 지난 4월 아이폰 11과 동일한 AP를 탑재한 아이폰 SE2를 399달러(64GB 기준)에 출시하면서 중저가 라인을 강화했다. 삼성전자와 LG전자도 각각 중저가 라인업인 A 시리즈와 Q 시리즈를 출시하고 있으나, 가격경쟁력이 우수한 중국 제품 외에 애플도 중저가 시장에 진출하면서 매출 회복이 쉽지 않은 상황이다.

장기적인 관점에서 국내 기업들이 5G 스마트폰을 선도적으로 출시하고 있다. 2020년 5G로 출시된 삼성전자 갤럭시 S20는 5G 수요 부족과 코로나19로 인한 부진이 겹치면서 글로벌 판매량이 전작인 S10 대비 60~70%에 불과한 것으로 알려져 있다. 반면 선도적 진출로 인해 2019년 삼성전자는 5G 스마트폰 판매량 점유율 1위(43%), LG전자는 화웨이에 이은 3위(10%)를 기록했다. 미국 시장에서는 애플이 5G폰을 출시하지 않고 화웨이는 미국 정부의 제재를 받는 상황에서 삼성전자가 점유율 74%를 차지했다. 다만, 2019년

5G 스마트폰 비중은 1%에 불과해 시장을 선점했다고 판단하기는 이르다. 현재로서는 신제품 판매 부진을 무릅쓰고 5G 경쟁 우위를 선점한 국내 업체들이 유리한 상황이지만, 정부 차원의 5G 적극 육성이 예정된 중국 업체 및 올해 하반기 5G폰 출시 예정인 애플과의 본격적인 경쟁은 내년부터 시작될 전망이다.

포스트 코로나,
ESG 투자에 관심 집중

마지황

프랑스 관측 사상 최고 기온 기록(45.9℃), 남극 시모어 섬 관측 사상 최고 기온 기록(20.8℃), 영국 1962년 이후 최장 기간 한파, 이탈리아 폭우로 베네치아 90% 이상 침수….이 모든 사건이 2019년 이후 일어난 일이다. 산업화로 기후는 변화하고, 기후변화와 산림파괴 등으로 전염병은 더욱 자주 발생하고 있다. 또한 전염병 발생으로 그 어느 때보다도 직원의 노동 환경과 건강 및 안전, 기업의 위기관리 능력에 대한 관심이 증가하고 있다. 앞으로 이에 대한 관심 없이 기업이 성장과 수익만 좇을 수 있을까?

ESG란?

최근 들어 전 세계적으로 ESG 투자가 큰 관심을 끌고 있다. ESG 투자란 기업의 재무적 지표 외에 비재무적인 요소인 환경(Environmental), 사회(Social), 지배구조(Governance) 등을 고려하는 투자 방식을 뜻한다. 구체적으로 보면 환경에는 기후변화 영향·원자재 조달·폐기물 및 폐수 관리·재생에너지 활용 등이, 사회에는 인적 자원 관리·제품 안전 및 품질·공급사슬 관리·지역사회 및 정부와의 관계 등이, 지배구조에는 이사회 구성 및 다양성·경영진 보수·사업 윤리 등의 요인이 포함된다. ESG 투자와 유사한 개념으로 SRI(Socially Responsible Investment: 사회책임투자)가 있는데, ESG 투자가 재무적인 요소를 우선시하면서 환경, 사회 및 지배구조 요소를 고려하는 반면 SRI 투자는 환경, 인권, 노동 등 사회적 성과를 우선적으로 중시하는 투자 방식이라는 점에서 차이가 있다.

환경: 전 세계 최대의 화두인 기후변화

ESG 중 환경(E)에 대해 먼저 알아보고자 한다. 환경 관련 여러 요인 중 기후변화가 현재 전 세계에서 가장 중요한 화두이다. 2019년 유럽의회는 '기후 및 환경 비상사태(Climate and environmental emer-gency)'를 선언하고, 2050년까지 EU 회원국에 온실가스 배출 '0'를 선언할 것을 촉구했으며, 2020년 초 개최된 다보스 포럼(매년 스위스의 다보스에서 개최되는 '세계 경제 포럼' 연차 총회의 통칭)에서의 최대 이슈 역시 기후변화였다. 또한 최근 세계 최대 자산운용사인 블랙록(BlackRock)의 래리 핑크 최고경영자(CEO)는 석탄 생산 등 기후변화와 관련하여 위험이 큰 기업에 대한 투자에서는 발을 빼겠다고 말한 바 있다.

그렇다면 기후변화는 언제부터 왜 시작된 걸까? 우선 기후변화란 기후가 시간이 지나면서 점차 변화하는 것으로, 과거 기후변화는 지구온난화만을 말하는 것은 아니었다(빙하기도 자연스러운 기후변화의 일종이다). 하지만 2007년 2월 IPCC(기후변화 관련 유엔 산하 국제 협의체)에서 발표한 보고서에서는 현재 기후변화가 지구온난화로 진행되고 있음을 지적했다. 18세기 중반 산업혁명 이후 석탄, 석유, 천연가스 등 화석 연료를 에너지원으로 사용하면서 대기 중 온실가스(지구를 둘러싸고 있는 기체로 지표면에서 우주로 발산하는 적외선 복사열을 흡수 또는 반사할 수 있는 기체를 말하며, 주된 온실가스로는 이산화탄소, 메탄, 아산질소 등이 있음) 농도가 증가했으며, 산림의 파괴 또한 물

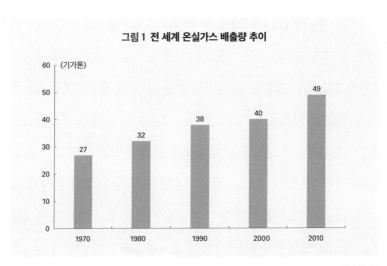

그림 1 전 세계 온실가스 배출량 추이

(기가톤)

- 1970: 27
- 1980: 32
- 1990: 38
- 2000: 40
- 2010: 49

자료: IPCC

과 탄소의 순환에 영향을 끼쳐 지구온난화의 원인이 되었다. IPCC
에 따르면, 전 세계 온실가스 배출량은 1970년 약 27Gt(기가톤)에
서 2010년 약 49Gt으로 크게 증가했으며, 온실가스 배출량 증가로
산업혁명 이후 지구 평균 기온은 약 1℃ 상승했다. (그림 1)

기후변화가 가져온 경제 손실

지구온난화로 인해 2019년 유럽에서는 영국, 독일, 스위스, 오스트
리아, 이탈리아, 슬로베니아, 크로아티아 등에서 관측 사상 최고 기온

을 기록하는 폭염이 나타나 많은 사망자가 발생했으며, 2020년 1월에는 남극에서 사상 처음으로 영상 20℃가 넘는 기온이 측정되었다. 한국에서는 2019년 총 29개의 태풍 중 역대 최다인 7개(특히 가을)가 영향을 미쳤으며, 겨울(12~2월) 평균 기온은 관측 사상 최고인 3.1℃를 기록하여 양식장 등에 피해를 주었다. 모건 스탠리(Morgan Stanley)에 따르면, 1980년 이후 기후변화(지구온난화)와 관련된 사건(Events)과 그로 인한 손실이 점점 증가하고 있는 것으로 나타났다. 특히 2016년부터 2018년 사이 기후변화로 인한 경제적 손실은 전 세계적으로 6,300억 달러에 달하는 것으로 분석되었다. 2019년 한 해 동안 미국에서 10억 달러 이상의 손실이 발생한 기후변화 사건만 14건이었으며, 전체 경제적 손실은 450억 달러에 달했다.

특히 호주에서 발생한 대형 산불과 동아프리카 지역에서 출현한 대규모 메뚜기 떼는 기후변화의 심각성을 일깨워주는 대표적인 사례이다. 2019년 9월부터 2020년 1월 중순까지 이어진 호주 산불로 약 18.6만km² 면적의 산림이 소실되었으며, 호주보험협회는 산불 관련 보험 손실액을 약 1.5조 원으로 추산한 바 있다. 특히 대기오염, 관광자원 훼손 및 경작 면적 손실 등으로 호주 전체 GDP의 3.1%와 2.5%를 차지하는 관광업과 농업 부문에서 큰 피해가 예상되고 있는

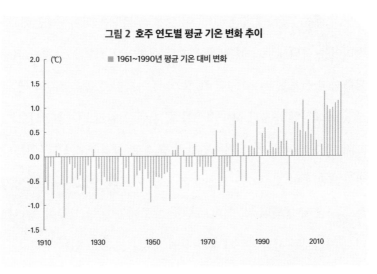

자료: Australian Bureau of Meteorology

상황이다. 대부분의 전문가들은 기후변화를 호주 대형 산불의 주요 원인으로 보고 있으며, 호주는 '인도양 쌍극자(인도양 서부의 표면 수온이 동부보다 높은 현상)'로 인해 매년 온도가 상승하고, 건조해지고 있다. 실제 2019년 호주의 평균 기온은 1961~1990년 평균 기온인 21.8℃ 대비 1.5℃ 높은 23.3℃를 기록하였으며, 100년 만에 가장 건조한 한 해로 기록되었다. (그림 2)

또한 2019년 12월부터 동아프리카 지역(케냐, 소말리아, 에티오피아 등)에 대규모 메뚜기 떼가 나타났으며, 2020년 2월에는 사우디아라비아, 이란을 거쳐 남아시아로 빠르게 확산되었다. 잡식성인 사막메뚜기 떼는 1km²당 3만 5,000여 명분의 식량을 먹어치우는데, 소말리아는 사막메뚜기 떼 발생에 따른 식량안보 위협으로 국가 비상사태까지 선포했다. 2019년 10월 이후 아프리카 동북부 지역에 발생한 이례적인 폭우가 사막메뚜기 떼 창궐의 원인으로 추정되고 있으며, 전문가들은 이를 기후변화의 문제로 지적하고 있다. 인도양 쌍극자 현상이 호주에는 고온과 가뭄을, 아프리카에는 폭우를 야기한 것으로 추정되며, 결국 이로 인해 호주에는 대형 산불이, 동아프리카 지역에는 사막메뚜기 떼가 창궐한 것으로 보고 있는 것이다.

기후변화는 투자 위험 요소로 작용

한편 기후변화에 따른 기업의 피해도 속속 목격되고 있다. 미국 캘리포니아 북부 지역 최대 전기 및 가스 유틸리티 회사인 PG&E (Pacific Gas and Electric Company)는 2017년과 2018년 자사의 노후 전력선에서 발생한 불씨가 대형 산불로 확대되어 발생한 피해에 대한 배상 책임으로 2019년 1월 파산을 신청한 바 있는데, 캘리포니아 지역은 기후변화로 인해 산불에 극히 취약해진 상태였다(평균 기온이 상승했으며, 건조한 바람과 바싹 마른 식물이 시너지를 일으켜 과거보다 산불 발생이 빈번하다).

또한 기후변화로 인해 글로벌 오일&가스 업체들의 소송 리스크가 증가하고 있다. 미국 엑손모빌(ExxonMobil)은 기후변화 영향 비용 축소 및 은폐 혐의로 소송이 진행 중이며, 쉐브론·BP 등과 함께 공적 생활 방해(지역 사회와 공동체의 건강과 안전, 복지 등을 위협하는 다양하고 광범위한 범죄 포괄) 혐의로도 피소된 상황이다. IEEFA(미국 에너지 경제 및 재무 분석 연구소)에 따르면, 블랙록은 이러한 오일&가스 업체를 포함하여 전력 유틸리티, 화력 발전기기 제조 업체 등 기후변화 위험이 높은 자산에 투자하여 과거 10년간(2009년 1월~2019년 3월) 약 900억 달러의 손실(미실현)이 발생했다고 분석했다.

기후변화에 따른 경제적 영향이 확대되고, 국제사회 및 각국 정부의 규제가 강화됨에 따라 이제 기후변화 요인을 투자 위험으로 고려하는 것은 필수적이다. 이러한 기후변화 위험은 크게 물리적 위험(태풍, 홍수, 해수면 상승 등)과 전환 위험(규제, 기술 발전, 소비자 행동 변화, 평판 등)으로 나뉘는데, 알리안츠(Allianz)는 향후 10년간 전 세계 기후변화에 따른 전환 비용이 2.5조 달러에 달할 것으로 추산한 바 있다. 산업별로 보면 에너지, 철강, 항공 및 해운, 자동차, 화학, 제지 등의 전환 비용이 클 것으로 내다봤으며, 그중 에너지 관련 산업의 전환 비용이 9,000억 달러로 가장 높을 것으로 예상했다. 이렇듯 기후변화에 따른 영향은 기업별로도 다르겠지만, 산업별로도 다르게 적용될 수 있음을 인지할 필요가 있다.

한편 물리적 위험은 전 세계 부동산 자산에 영향을 끼치고 있으며, 그 영향은 최근 증가하고 있는 추세이다. 미국 기후변화 전문 시장조사 업체인 427은 2018년 10월 발표한 보고서에서 전 세계 리츠(REITs: 부동산투자신탁) 자산 중 약 35%가 기후변화 위험에 노출되어 있으며, 이 중 17%는 홍수 위험, 12%는 허리케인 혹은 태풍 위험, 나머지 6%는 해수면 상승 위험에 노출되어 있다고 분석한 바 있다. 또한 이 보고서에서는 지리적으로 홍콩, 싱가포르, 일본의 부동산이 기후변화 위험에 크게 노출되어 있다고 보았다. 이처럼 기후변화 위험은 산업 및 기업뿐만 아니라 부동산 가치에도 영향을 끼칠 수 있음에 유의해야 한다.

그렇다면 기후변화는 왜 코로나19 팬데믹으로 인해 더욱 주목받는 것일까? 이는 기후변화와 생태계 파괴가 최근 들어 빈번하게 발생하고 있는 전염병의 근본적인 원인으로 의심받고 있기 때문이다. 2014년 서아프리카 지역에서 발생한 에볼라 바이러스의 원인은 가뭄이었으며, 2016년 발생한 지카 바이러스는 지구온난화로 인한 모기 급증으로 남미 지역까지 확산된 것이다. 이번 코로나19 바이러스 역시 박쥐로부터 발생한 것으로 추정되는데, 많은 전문가들은 결국 지구온난화에 따른 생태계 파괴, 인간의 욕심에 따른 산림 파괴 등을 코로나19 발생의 근본적인 원인으로 보고 있다. 세계적인 석학인 제러미 리프킨(Jeremy Rifkin)도 최근 언론과의 인터뷰에서 기후변화를 코로나19 발생의 주요 원인이라 지적하면서 물 순환 교란으로 인한 생태계 붕괴, 인간의 야생 터 침범, 야생 생명들의 이주를 구체적인 원인으로 언급한 바 있다.

추가적으로 환경 분야에서 기후변화 외 플라스틱 관련 산업 및 기업 위험을 언급하고자 한다. 기후변화와 마찬가지로 최근 플라스틱이 환경에 미치는 악영향에 대해 관심이 높아지고 있다. 매년 500만 톤에서 1,300만 톤의 플라스틱이 해양에 버려지면서 해양생물, 연안 환경 및 인간의 건강을 위협하고 있어 플라스틱 관련 규제는 강화되고 있다. 글로벌 의결권 자문사인 ISS는 이러한 규제 강화로 인해 화학, 식음료, 소비재 산업의 전환 비용 및 평판 위험 증가를 경고한 바 있으며, 다른 한편으로는 이러한 플라스틱 대체재 생산 시장에서 투자자는 기회를 찾을 수 있다고 언급했다.

환경 분야에서는 기후변화, 플라스틱 관련 산업 및 기업 위험 외에도 물 부족, 원자재 조달, 포장재 및 포장 폐기물, 재생 에너지 등이 투자자로서 관심을 가져야 할 주제라 생각된다.

사회: 직원 관리의 중요성 부각

ESG 중 사회 분야는 환경이나 지배구조에 비해 그동안 크게 주목받지 못했던 것이 사실이다. 하지만 코로나19의 전 세계적 대유행으로 공급망 위험 관리와 직원의 건강 및 안전이 기업의 최우선 과제로 부각되고 있다. 특히 대형 기업일수록 전 세계 여러 국가에서 많은 협력 업체와 일하고 있어 공급망 최하단의 위험은 인지하지 못할 가능성이 크다. 이번 코로나19의 싱가포르 확진 사례를 보자. 싱가포르의 코로나19 확진자는 2만 명이 넘었는데, 비좁은 기숙사에서 거주하는 이주노동자들 사이에서 확진자가 크게 늘어난 것이 확진자 폭증의 주요 원인이었다. 이처럼 열악한 거주 혹은 노동 환경에 노출된 사람일수록 전염병에 더욱 취약한데, 이러한 위험이 기업의 제품 적시 공급이나 평판에 치명적으로 작용할 수가 있다.

이를 보여주는 극명한 사례가 최근 미국에서 발생했는데, 코로나19로 인해 육류 가공업체의 공장이 폐쇄되어 미국 내 육류 공급이 차질을 빚은 사건이다. 2020년 5월 1일 미국 질병통제예방센터(CDC)에 따르면, 미국 내 육류 가공 공장 근로자 중 약 4,900명이 코로나19 확진 판정을 받았다. 이에 타이슨푸드, 스미스필드푸드 등 많은 육류 가공 공장이 공장 가동을 일시 중단하면서 육류 공급에 차질이 발생했으며, 이에 따른 영향으로 햄버거 체인 업체인 웬디스는 일부 매장에서 육류가 들어간 햄버거 판매를 제한하기까지 했다. 유독 육류 가공 공장 근로자 사이에서 코로나19 집단 감염이 발생한 이유는 근로자 대부분이 이민자로 구성되어 있으며, 열악한 작업 환경, 집단 거주 및 통근 버스 이용 등 전염병 확산 위험이 높은 조건을 두루 갖추고 있었기 때문이다. 한 가지 흥미로운 점은 미국에서 육류 공급이 제한되면서 식물성 고기를 중심으로 한 대체육류가 더욱 각광을 받고 있다는 사실이며, 대체육류는 ESG 관점에서 사람들의 관심을 끌고 있기 때문에(세계 육류 소비량을 감당하기 위한 공장식 사육은 지구 전체 온실가스 배출량의 18%에 달하는 온실가스를 배출시키고 있다) 이번 미국에서의 육류 공급 제한은 대체육류 시장 성장을 가속화하는 계기가 될 것이다.

직원의 건강관리와 관련하여 국내에서 발생한 대표적인 사건은 삼성전자의 백혈병 사태이다. 2007년 3월 삼성전자 기흥 반도체 공장에서 일하던 직원이 백혈병으로 사망하면서 논란이 되었으며, 이로부터 11년이 지난 2018년에 피해자 전원 보상으로 최종 합의했으나, 기업 평판에는 좋지 않은 선례를 남겼다. 또 하나의 사건은 한국타이어 직원의 폐암 사망 사건으로, 2018년 10월 법원은 회사의 안전 의무 소홀로 배상 판결을 내린 바 있다.

이처럼 직원 건강관리에 소홀하면 평판 위험이 커질 수 있을 뿐만 아니라 소비자의 불매 운동으로 이어질 수도 있어 기업의 선제적인 관리가 꼭 필요하다.

사회에 도움이 되는 기업이 투자에 유리

사회 분야에서 살펴볼 마지막 사례는 제품 안전 및 품질 관련 사례이다. 2017년 미국 캘리포니아에서는 이케아(IKEA) 서랍장이 앞으로 넘어져 2세 아동이 사망하는 사건이 발생했다. 아동의 부모는 이케아를 제품 안전관리 소홀과 고지 의무 위반으로 고소했고, 이케아는 2020년 1월 유족에게 4,600만 달러를 지급하기로 합의했다. 이러한 사건은 소비자의 제품에 대한 신뢰를 낮추기 때문에 지속적으로 발생할 경우 기업의 존폐마저 위협할 수 있다.

결국 투자자들은 이번 코로나19 사태로 인해 기업들이 공급망 전체의 건강 및 안전 관리를 철저히 하고 있는지, 아동 노동이나 강제 노동과 같은 규제를 준수하고 있는지, 제품의 안전 및 품질 관리 수준은 어떠한지, 정부 및 지역 사회에 기여하는 바는 무엇인지 등 기업이 사회에 도움이 되는지를 더욱 세심하게 바라볼 것이다.

지배구조: 기업 가치 평가의 중요 요소

환경 및 사회 이슈가 비교적 최근에 주목받기 시작한 반면, 지배구조 이슈는 상대적으로 오랜 기간 투자자의 관심을 받고 있던 분야이다. 지배구조는 다양하게 정의되는데, 일반적으로는 기업 내부의 의사결정 시스템, 이사회와 감사의 역할과 기능, 경영자와 주주와의 관계 등을 총칭한다. ESG 관점에서는 이러한 정의보다 넓은 의미의 지배구조 개념을 사용하는데, 이사회 구성, 경영진 보수, 부정 및 부패, 세금 투명성 등이 포함된다. 따라서 우수한 지배구조를 가질수록 기업의 경영은 투명하게 이루어지며, 효율적인 의사결정 체계 구축으로 위기에도 빠르게 대응할 수 있어 기업 위험은 낮아지고, 좋은 경영 성과를 낼 수 있는 잠재력을 가지게 된다. 이러한 관점에서 보면 이번 코로나19 사태가 기업 지배구조에 시사하는 바가 크다고 할 수 있다.

한국기업지배구조원(KCGS)에서는 기업 지배구조 모범 규준을 제시하는데, 주주, 이사회, 감사 기구, 이해 관계자, 시장에 의한 경영 감시 등 5개 부문에 대한 내용으로 이루어져 있다. 이 중에서 기업 운영의 중심인 이사회 구성에 대해 알아보고자 하는데, 우선 이사회가 무엇인지부터 간략히 살펴보자. 우리가 일반적으로 알고 있는 주식회사는 주주가 회사의 주인이기 때문에 주주에 의하여 구성되는 주주총회가 회사 최고의 의사결정 기관이다. 하지만 기업의 모든 의사결정 사항에 대해 일일이 주주총회를 개최할 수 없기 때문에 주주총회에서 주주들은 이사(자신을 대신해 회사 경영을 맡을 사람)를 선임하는데, 이러한 이사로 구성된 기관이 이사회인 것이다. 따라서 이사회는 기업 경영에 관한 포괄적인 권한을 가지므로 어떠한 이사들로 이사회를 구성하느냐는 매우 중요한 지배구조 문제이다.

이사회 구성에서 가장 중요한 두 가지는 사외이사의 독립성과 이사회의 다양성이다. 국내 상법상 자산 총액 2조 원 이상 상장법인은 총 이사 수의 과반수(최소 3인), 2조 원 미만 상장법인은 총 이사 수의 1/4 이상을 사외이사로 선임해야 한다. 문제는 대부분 기업에서 사외이사는 오너 등 최대 주주의 입맛에 맞는 인사를 선임해 이른바 거수기 역할만 한다는 점이다. 실제 2019년 10대 그룹 상장사 102개 기업이 개최한 총 971차례의 이사회에 약 2,600여 개의 안건이 상정되었는데, 이 중 부결된 안건은 단 2건에 불과했다. 사외이사는 경영진으로부터 독립적일 경우 효율적으로 경영진의 의사결정에 도움을 줄 수 있으므로 투자자는 향후 사외이사가 독립적으로 업무를 제대로 수행하는지에 대해서도 관심을 가질 필요가 있다.

다음은 이사회의 다양성 문제이다. 원론적으로 보면, 이사회는 다양한 배경을 가진 이사들로 구성되는 것이 가장 좋다. 다양성을 갖추기 위해서는 이사의 경력도 서로 달라야 하지만, 성, 인종, 국적의 다양성까지 갖추면 의사결정에 있어 더욱 다양한 의견을 참고할 수 있게 된다. 실제 IMF에 따르면, 회사의 이사회 혹은 경영진에 여성 1명을 추가할 경우 회사의 이익률이 더욱 좋아지는 것으로 나타났으며, 이튼밴스(Eaton Vance)의 연구에서는 성 다양성이 기업의 주가 수익률에 긍정적인 영향을 끼칠 뿐만 아니라 재무 성과 개선에도 도움이 되는 것으로 밝혀졌다. 한편 의결권 자문사인 글라스루이스(Glass Lewis)는 이번 코로나19 사태 관련, 만약 어떤 회사의 이사진이 대부분 고령의 남성으로 구성되어 있다면 인력 손실로 실질적인 위험에 처할 수도 있다고 경고했다. 이처럼 지배구조 문제도 기업 가치 평가에 있어 중요한 요소이며, 이번 코로나19와 같은 위기에서 지배구조가 우수한 기업과 그렇지 못한 기업의 차이는 명확히 드러날 것이다.

ESG 투자, 피할 수 없는 물결

이제까지 코로나19로 인해 왜 ESG가 더욱 관심을 받을 수밖에 없는지에 대해 E(환경), S(사회), G(지배구조)로 나누어 알아보았다. 환경에서는 기후변화 발생의 근본적인 원인이 결국 빈번하게 발생하는 전염병과 맞닿아 있어 이번 사태로 인해 환경에 더욱 관심을 가질 수밖에 없음을 설명했다. 사회에서는 직원의 건강과 안전을 포함한 공급망 관리의 중요성이 코로나19 사태로 인해 더욱 부각되고 있음을 확인했고, 지배구조에서는 이사회의 사외이사 독립성 및 성다양성 등 지배구조의 투명성 및 효율성이 위기 시 빠르고 정확한 의사결정에 도움이 되며, 실제 우수한 지배구조를 갖춘 기업이 그렇지 않은 기업 대비 높은 재무 성과를 내는 것을 이해했다. 결국 기업들도 이번 코로나19 사태를 계기로 환경, 사회 및 지배구조에 더욱 관심을 가지게 될 것이며, ESG 투자 흐름은 이제 그 누구도 거스를 수 없을 것이다.

ESG 투자는 이미 전 세계에서 활발히 진행 중이다. 글로벌지속가

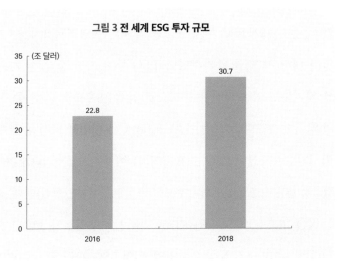

그림 3 전 세계 ESG 투자 규모

자료: GSIA

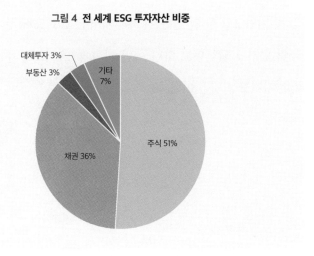

그림 4 전 세계 ESG 투자자산 비중

자료: GSIA, 2018년

능투자연합(GSIA: Global Sustainable Investment Alliance)에 따르면, 2018년 전 세계 ESG 투자 규모는 약 30.7조 달러로 2016년 22.8조 달러 대비 약 34% 증가하였다. ESG 투자 자산 중 가장 높은 비중을 차지하고 있는 자산은 주식으로 전체 ESG 투자 자산 중 절반 가량을 차지하였다(2018년 기준). (그림 3, 4) 개인들 또한 손쉽게 투자할 수 있는 자산이 ESG ETF(투자자들이 주식처럼 편리하게 거래할 수 있도록 만든 상품으로 인덱스 펀드와 주식을 합쳐놓은 형태)인데, 국내에는 KODEX 200ESG, KBSTAR ESG사회책임투자, FOCUS ESG 리더스, ARIRANG ESG우수기업 등의 ESG 관련 ETF들이 상장되어 있다. 최근 언론 보도에 따르면, 코로나19에 따른 ESG 관심 증가로 2020년 2월 한 달 동안 전 세계에서 ESG ETF에 투자된 자금만 57억 달러에 달한다고 하니 이번 기회에 ESG ETF 투자에 관심을 한번 가져보는 것은 어떨까?

버블 붕괴를 맞고 있는
공유경제

황규완

공유경제는 금융위기 이후 제시된 새로운 경제 개념들 중 하나로, 한때 공유경제를 기반으로 하는 글로벌 기업들이 높은 평가를 받기도 했다. 그러나 공유경제 역시 코로나19의 충격에서 벗어날 수 없을 전망이다. 코로나19로 인해 공유경제가 주로 활용되는 교통(승차 공유), 숙박(숙박 공유) 분야의 수요가 위축될 뿐만 아니라 공급자의 이탈로도 이어질 수 있기 때문이다. 공유경제를 구성하는 수요와 공급이 동반 위축되면 그동안 적극적인 투자를 감행하던 자본시장의 참여도 위축될 것으로 보인다.

공유경제란 무엇인가?

금융위기 이후 경제 회복 과정에서 다양한 경제 개념이 제시되었는데 공유경제 역시 이 중 하나였다. 공유경제는 하버드대학교 로런스 레시그 교수가 제안한 것으로 잉여생산물을 여러 사람이 나눠서 소비함으로써, 개인 입장에서는 생산물의 유지 관리 비용(예를 들자면 창고에 쌓아 놓는 비용, 처분에 소요되는 비용 등)을 최소화하고 잉여생산에 소요되는 자원을 절약함으로써 환경 보존에도 도움이 될 수 있는 소비 양식으로 인식되었다. 그리고 공유경제를 기반으로 하는 글로벌 기업들이 높은 평가를 받기도 했다.

그러나 코로나19는 공유경제에 큰 충격으로 작용할 가능성이 크다. 공유경제의 기반이 되는 인프라가 크게 훼손될 가능성이 높기 때문이다. 코로나19의 높은 전염성으로 다수의 국가가 셧다운과 같은 극단적인 선택을 함에 따라 인구 이동이 극도로 제한된 상황이다. 이는 공유경제가 주로 활용되는 교통(승차 공유), 숙박(숙박 공유) 분야의 수요 위축뿐만 아니라 공급자의 이탈로 이어질 수 있다. 공급자의 이탈로 수요자와 공급자 간의 연결성이 과거보다 낮아지면 서비스 품질 저하가 불가피하다. 또한, 그동안 적극적인 투자를 감행하던 자본시장의 참여도 줄어들 것으로 전망되고 있어 코로나19 이후 공유경제의 거품은 빠르게 걷힐 것으로 예상된다.

공유경제가 각광받은 지는 꽤 되었지만 공유경제가 무엇인지에 대해서는 아직 명확한 정의가 없다. 다만, 시장에서 우버(Uber), 리프트(Lyft), 그랩(Grab) 등 기존 승용차 보유자가 참여하는 형태의 공유기업을 승차 공유, 에어비앤비(Airbnb)와 같이 여분의 주택 공간을 관광객 등에게 대여하는 형태를 숙박 공유, 위워크(Wework)와 같이 사무공간을 공유하는 형태를 공유 오피스 등으로 구분하는 등 실제 사례 중심으로 일반에 알려져 있을 뿐이다.

다양한 공유경제에 대한 정의가 있으나 필자는 이수일 외(2015)의 정의[1]를 언급하고자 한다. 이에 따르면 공유경제란 '특정 서비스의 수요자와 해당 서비스를 창출하는 유휴자산을 보유한 공급자 간에 해당 유휴자산을 이용한 시장거래를 ICT 플랫폼이 중계하는 경제'를 말한다. 이 정의에 따르면 우버 드라이버가 전업에 가까운 시간을 투여하거나 에어비앤비 전용으로 활용할 주택을 구입한 경우

---

1   "공유경제 관련 제도개선방안 연구", 이수일(2015), 기획재정부, KDI.

유휴자산이 아니므로 공유경제가 아니게 된다. 이런 모호함은 후술할 정부 규제와의 마찰에서 다시 언급될 것이지만, 공유경제 기업의 성장에 큰 걸림돌이 되고 있다.

중요한 것은 공유경제 발전이 ICT 발달과 궤를 같이하고 있다는 점이다. 유휴 자산을 공급할 의지가 있는 공급자와 빠르게 서비스를 받고 싶은 수요자의 연결이 ICT의 발달로 이전과는 비교할 수 없을 정도로 빠르고 저렴하게 가능해졌기 때문이다. 이런 측면에서 공유경제 기업들은 자본시장에서 일종의 테크(Tech) 기업으로 평가받았으며 기업 가치 측면에서도 유사한 산업(예를 들면 택시업, 호텔업, 부동산 임대업)보다 호의적인 대우를 받았다. 지금 당장은 수익성이 낮지만 성장 가능성이 높을 것이므로 보다 높은 가치로 평가되어야 한다는 암묵적인 인식이 확대되었던 것이다.

경영 악화 일로에 놓인 공유경제 업체들

공유경제는 몇 년 전만 해도 각광받던 분야였다. 그러나 코로나19 확산 이전부터 공유경제 업체에 대한 의심이 생기더니 코로나19 확산하에서는 경영 악화가 본격화되고 있다. 공유업체 중 대표적 플랫폼인 우버, 리프트, 에어비앤비 등이 코로나19 이전에 비해 큰 폭의 매출 감소를 겪고 있으며 이를 극복하기 위해 대량 해고를 진행 중이다.

우버는 코로나19에 따른 미국 주요 도시 셧다운으로 매출이 이전보다 80%가량 감소한 것으로 알려졌다. 이로 인해 우버는 전체 직원의 20%가량인 5,400여 명을 감원할 방침이다. 리프트 역시 전체 직원의 17%인 982명을 해고할 예정이다. 에어비앤비는 2020년 상반기에만 10억 달러 수준의 적자가 예상되며 신규로 진출하려 했던 여행업, 고급 호텔업 등에 대한 검토도 유보하기로 했다. 감원은 당장의 손실을 최소화하는 효과는 가져올 수 있겠지만 중장기적으로는 서비스 품질 하락과 이로 인한 소비자의 외면으로 연결될 수 있어 코로나19 이후 경영 실적 회복에도 상당한 부담으로 작용할 것이다.

코로나19가 언제 종식될지 모른다는 점에서 수요 회복은 상당 기간 지연될 전망이다. 공유경제는 글로벌 연결성 확대에 기대어 성장해왔다. 글로벌 여행 확대는 에어비앤비의 성장 및 우버, 그랩의 성장에 긍정적으로 기여했으며 세계 어디서든 멤버십 하나로 사무실을 사용할 수 있다는 점은 위워크의 주요한 마케팅 포인트였다. 그러나 코로나19 팬데믹으로 인해 글로벌 연결성이 장기간 복구되기 어려울 전망이다. 한 국가에서 어렵사리 종식되었다 하더라도 종료되지 않은 국가에서 입국한 환자로 언제든지 다시 유행할 수 있기 때문이다. 설사 코로나19가 종료되더라도 세계 각국은 과거보다는 입출국 절차를 더욱 강화할 것이며 이는 공유경제 기업에 악재로 작용할 전망이다.

한편, 수요가 감소함에 따라 자연스럽게 공급도 위축될 전망이며, 공유경제 업체 입장에서 이는 중장기적인 회복에 걸림돌이 될 수 있다. 미국에서는 에어비앤비 전용 주택을 구입, 운용하던 개인 사업자들이 급감한 수요를 감당하지 못해 주택을 매각하는 사례가 늘고 있다. 우버 등 승차 공유 업체의 경우 서비스 공급자인 드라이버들이 이탈할 가능성이 높다. 우버는 현재 코로나19 확진 판정으로 운행이 불가능한 드라이버에게 경제적 지원을 제공하고 있다. 그러나 미국의 높은 의료비 수준을 감안하면 드라이버들이 코로나19 감염의 위험을 안고 승차 공유 서비스를 지속적으로 제공할 것인지는 미지수이다.

공유경제 업체 입장에서 공급 감소는 상당한 문제가 된다. 공유경제 업체는 소비자에게 직접 서비스를 공급하는 것이 아니라 개별 공급자와 수요자를 연결하는 플랫폼 비즈니스를 하고 있기 때문이다. 플랫폼이 의미가 있으려면 소비자는 언제든지 플랫폼을 통해 니즈를 충족할 수 있어야만 한다. 쉽게 말해 우버 사용자는 필요할 때면 언제든지 우버 앱을 통해 승차 공유 서비스를 받을 수 있어야만 의미가 있다는 뜻이다. 이렇지 못할 경우 기존 택시와 차이가 없어지기 때문이다. 결국 코로나19에 따른 공급자의 이탈은 수요자의 만족도 저하로 이어질 수밖에 없으므로 공유경제 업체는 코로나19에 따른 적자폭 확대에도 불구하고 서비스 공급자 유지를 위한 대규모 자금을 투여해야 하는 상황이다.

코로나19 이전에도 의심받았던 경영 성과

코로나19로 공유경제 기업들이 큰 피해를 입고 있지만 사실 공유경제는 코로나19 이전에도 성장 가능성에 상당한 의심의 눈초리를 받고 있었다. 공유경제의 대표 기업이었던 우버나 리프트와 같은 공유경제 기업들은 단순히 이용객 수의 확대에 따른 성장 가능성만 부각되고 있었다. 그러나 서비스 개시 이후 한 번도 흑자를 내본 적이 없었고, 이용객 수 확대 역시 대규모 마케팅 비용을 투여하면서 달성한 것이었다. 결국 이용객 수를 유지하기 위해서는 꾸준한 자금 투자가 불가피해 경영 성과 회복에 대한 의구심이 증폭되고 있었다.

위워크의 IPO 철회는 시장의 의구심에 결정타로 작용했다. 한때 기업 가치가 460억 달러로 평가되었던 위워크는 IPO를 위해 제출한 S-1 서류를 통해, 서비스를 확대하면 확대할수록 적자가 더 커지는 실망스러운 경영 성과를 공개했다. 또한, 유사한 사업을 향유하

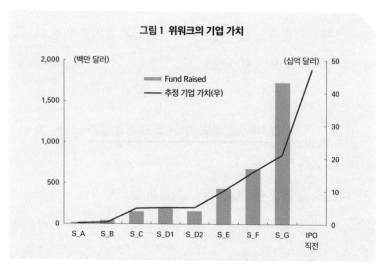

그림 1 위워크의 기업 가치

주: 스타트업 기업에 대한 투자는 기업의 성과나 성장 기대감의 변화에 따라 여러 번에 걸쳐 이뤄지는데 통상 최초의 투자를 Series A로 부르며 이후 투자 횟수가 늘어남에 따라 Series B, Series C 등으로 부른다. 위 그래프에서 S_A는 Series A, S_B는 Series B를 의미한다.

자료: The we Company S-1 report(SEC), The Billion Dollar Startup Club(WSJ)

는 기업에 비해서 기업 가치가 지나치게 높게 평가되었다는 점도 부담으로 작용했다. 결국 위워크의 기업 가치는 애초 기대보다 1/3 이하인 100~150억 달러 수준으로 평가절하되었으며, IPO 철회 및 경영진 교체 등의 후폭풍에 시달리게 되었다. (그림 1)

사실, 우버나 리프트 등 상장된 공유경제 기업의 적자 역시 IPO 이전부터 잘 알려진 내용이었다. 지속된 적자에도 불구하고 공유경제 기업들이 각광을 받았던 것은 스타트업 기업 특유의 성장 과정에 있다. 스타트업 기업은 번뜩이는 아이디어로 과거에는 없던 새로운 시장을 개척하기 때문에 시장이 성숙되기 이전까지 상당 기간 적자 상태를 감수해야만 한다. 상당수 기업들이 이 기간에 폐업을 해 이 기간은 소위 '죽음의 계곡'으로 불릴 정도이다. 그러나 이 구간을 극복한 다수의 스타트업 기업들은 드라마틱한 이익 성장을 경험해왔다. 자본시장에서는 공유경제 기업 역시 이 같은 성장 과정을 따를 것으로 기대했었다.

그러나, 실제로는 무료 쿠폰 살포와 같은 엄청난 마케팅 비용을 통해 이용객을 확보하고 있었을 뿐, 확실한 캐시카우를 확보하지 못하고 있었다. 페이스북 같은 SNS 업체들은 고객이 플랫폼 앱에 상

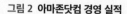

그림 2 아마존닷컴 경영 실적

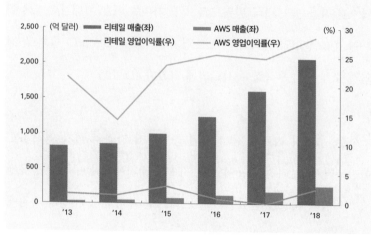

자료: Amazon.com 투자 설명서

주하는 시간이 길어 광고 매출이라는 확실한 수익원을 확보할 수 있었다. 아마존은 본업이라 할 수 있는 전자상거래 부문에서는 적자를 겨우 면하는 상황이지만 전자상거래를 지원하기 위해 확보한 대규모 서버를 활용한 클라우드 서비스(AWS)를 통해 매년 20% 이상의 영업이익을 확보하고 있었다. 반면, 공유경제 업체들은 고객의 플랫폼 상주 시간이 짧아 광고 수익을 기대하기도 어렵고 서비스 다양화가 가능한 여분의 자산도 없었다. (그림 2)

빠른 성장에만 초점이 맞춰진 기업 문화도 경영 성과 악화의 큰 원인 중 하나였다. 성공한 스타트업 기업의 주요한 성공 요인 중 하나가 빠른 시장점유율 달성을 통한 고객의 록인 효과(Lock-in Effect)로 인식되면서 내실보다는 성장이 중요시되었다. 심지어 제2차 세계대전 당시 독일 기갑부대의 전격전에 빗대어 이러한 성장 중심 비즈니스 모델을 블리츠스케일링(Blitz-Scaling)[2]으로 부르기도 했다. 공유경제 기업들은 시장 점유율 확대를 위해 대규모 손실을 감내하는 것을 당연시했으며 부족한 자금은 외부자금 수혈을 통해 해결해야만 했다. 그 결과 내실을 다지기보다는 외형 확장에 치중하는 경향을 보일 수밖에 없었다.

이러다 보니 조직 확장 과정에서 발생하는 비효율이 경영 성과 악화로 이어지는 문제점을 노출하고 있다. 통상 점진적인 성장을 경험하는 일반 기업과는 다르게 스타트업은 초기 10명 미만으로 시작하다가 외부 투자를 통해 갑작스럽게 1,000명 이상의 큰 조직으로 성장하게 된다. 이 과정에서 창업자의 내부 통제력이 급격히 약화될 뿐만 아니라 수요의 확대나 규제와 같은 외부 환경 변화에 체계적으로 대응하기가 어려워진다. 여기에 급격한 성장에 자만한 창업자가

---

2   전격전을 독일어로 표기하면 Blitzkrieg이다.

빠르게 도덕적 해이에 빠지는 등 기업 경영의 안정성에도 문제가 생긴다. 우버, 위워크 등 공유경제 기업의 창업자는 모두 사익을 중시한 의사 결정 및 스캔들로 회사에서 퇴출당해 공유경제 기업의 이미지를 악화시켰다.

각광받던 성장의 어두운 이면

돌이켜보면 공유경제 기업들은 새로운 소비 패턴을 선도하는 긍정적인 이미지를 갖고 있었다. 이들이 주장하는 비즈니스 모델이 긍정적이었을 뿐만 아니라 이용객이 빠르게 증가하면서 그 주장이 입증된 것처럼 보였기 때문이다. 그러나 시간이 지나면서 이 모든 것이 허상일 수 있다는 우려가 확대되고 있다. 결론적으로 공유경제 서비스 이용객의 증가는 적자를 감수한 대규모 마케팅의 결과로 판명되고 있으며, 적자 지속에도 불구하고 공유경제 기업들은 마케팅을 멈출 수 없는 상황에 놓여 있다.

공유경제 기업을 위시한 플랫폼 스타트업 기업들이 내실보다는 성장을 추구하는 가장 큰 이유는 승자독식을 통한 고객 록인 효과를 추구하기 때문이다. 쉽게 말해 우버가 승차 공유 시장에서 압도적인 점유율을 차지할 경우 승차 공유 질서를 우버가 결정할 수 있게 되며 수익성 또한 회사가 임의로 결정할 수 있게 된다.[3] 문제는 플랫폼 사업 특성상 초기 단계에서는 경쟁 업체와 차별화가 쉽지 않다는 점이다. 차별화가 쉽지 않은 상황에서 업체들이 가장 선택하기 쉬운 전략은 저가 공세이다. 특히, 네트워크 효과가 큰 SNS와 달리 소비자들이 가격에 민감해 저가 공세를 통한 경쟁자 고사 전략이 주로 활용되었다.

경쟁자 고사 전략은 소비자 확보에만 그치지 않았다. 더 많은 공급자를 확보해야 소비자와의 매칭이 용이해지므로 공급자 확보를 위한 출혈 경쟁도 치열했다. 우버와 리프트 같은 승차 공유 기업들은 더 많은 드라이버 확보를 위해 드라이버에게 다양한 인센티브를 제시하는 등 열띤 경쟁을 펼쳤다. 그 결과 이용료의 대부분은 드라이버의 몫이 되었으며 플랫폼 회사의 수익 구조는 더욱 열악해졌다. (그림 3)

수익 구조가 열악해졌다고 해서 그만둘 수도 없는 상황이다. 업체

---

3   최근 논란이 된 배달앱, 숙박앱 시장의 사례를 생각하면 이해가 쉬울 것이다.

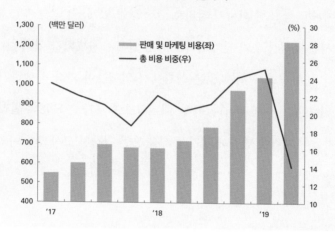

그림 3 **우버의 마케팅 비용 추이**

1,300 (백만 달러) (%) 30

1,200 ▨▨▨ 판매 및 마케팅 비용(좌) 28

1,100 ─── 총 비용 비중(우) 26

1,000 24

900 22

800 20

700 18

600 16

500 14

400 12

'17 '18 '19 10

자료: Uber 투자 설명서

간 경쟁이 치열해 마케팅을 축소할 경우 점유율 하락으로 이어져 록
인 효과마저 사라지고 결국 시장에서 퇴출되기 쉽기 때문이다. 수익
성 개선을 위해 마케팅을 줄이는 순간 시장에서 퇴출되게 되지만 수
익성을 개선하지 못하면 투자자들이 떠나 마케팅에 사용할 자금이
부족해지는 진퇴양난의 상황에 놓인 셈이다.

공유경제 업체들도 이러한 문제를 인식하고 있고 그 해법으로 서
비스 다양화를 추구하고 있다. 그러나 이 과정에서 추가적으로 대
규모 지출을 감당해야 하고 기존 서비스 업체와의 또 다른 경쟁에

서 승리해야 하는 경우도 많아 수익성 개선에는 큰 도움이 되지 못하고 있다. 예를 들면 우버, 그랩 등은 음식 배달, 공연 및 항공 서비스와의 연계 등을 서비스에 추가하고 있으나 수익성 개선으로 이어지지는 못하고 있다. 위워크의 경우 기존 부동산 임대업과 차별화가 부족하다는 인식을 개선하기 위해 사무공간 최적화, 공유 주택 사업 등 확장을 추진하고 있으나 이 과정에서 M&A에 대규모 자금만 소진했을 뿐 실익은 없었다.

강화되는 정부의 규제

이처럼 공유경제 기업들은 코로나19 이전에도 어려움을 겪었지만 앞으로 더 많은 난관이 예상된다. 전염병으로 사회가 치러야 할 직·간접 비용이 매우 큰 것을 확인한 정부가 규제를 강화할 가능성이 높기 때문이다. 공유경제 참여자, 특히 공급자는 임시로 불특정 다수에 서비스를 공급하는 역할을 한다. 전염병이 갑작스럽게 전 세계적으로 유행할 수 있음이 확인된 이상 전염병의 전파 매개체가 될 수 있는 서비스 사업장 및 종사자에 대한 규제는 강화될 수밖에 없으며, 임시로 서비스를 공급하는 공유경제 공급자들도 유사한 수준의 규제를 받을 것이다. 특히, 현재 공유경제가 안착된 승차 공유나 숙박 공유의 경우 밀폐된 시설을 근간으로 한다는 점에서 이러한 규제는 더욱 피할 수 없을 것이다.

코로나19 이전에도 공유경제 업체에 대한 정부의 규제는 강화되는 추세였다. 일각에서는 첨단산업 또는 각광받는 신산업 등으로 추켜세웠으나 앞서 언급한 것과 같이 ICT를 활용한 기존 산업의 변주에 불과하다는 평가도 있었기 때문이다. 정부와 지자체 입장에서는 근본적으로 서비스의 내용이 동일할 경우 동일한 규제를 적용해야만 하므로, 공유경제 기업에 기존 유사 산업 수준의 규제를 요구하기 시작했으며 이는 비용 증대로 이어졌다. 이에 대한 논란은 많으나 다수의 국가 및 지자체에서 이 같은 움직임이 나타나고 있어 규제는 강화될 가능성이 높으며 공유경제 기업에만 예외를 인정할 가능성은 낮다.

공유경제 서비스 이용객이 단기간 급증한 것은 그만큼 잠재되었던 니즈를 공유경제 기업이 잘 충족시켰다는 의미일 것이다. 그러나 기존 산업이 이를 몰라서 소비자의 니즈를 충족시킬 수 없었던 것은 아니다. 사실 정부 등이 다양한 이유로 진입을 제한했던 점이 크다. 예컨대 승차 공유 서비스를 창시한 우버의 경우 매우 불편한 택시 이용에 대한 불만에서 시작되었다. 그러나 대부분의 대도시는 도심 교통량 관리를 위해 택시 수를 조절할 뿐만 아니라 공급 감소에 따른 요금 인상을 방지하기 위해 택시비도 통제하고 있다. 이렇듯 소비자의 불만이 있었음에도 공익 측면의 제도적 배경 때문에 택시의 수가 늘지 못했다. 에어비앤비도 마찬가지이다. 호텔업을 영위하기 위해서는 다양한 정부의 안전 규정, 서비스 규정 등을 충족해야만 한다. 또한, 도시 설계상 호텔이 들어설 수 있는 장소도 정해져 있다. 기존 가정집의 남는 공간을 여행객에게 빌려준다는 아이디어는 기발한 것처럼 보이나 여행객은 호텔에 숙박하는 것보다 더 위험한 곳에서 지내며 비용을 지불해야 한다.

즉, 공유경제는 그 의도가 소비자들에게 어필했다기보다는 기존 규제의 미비점 또는 규제 자체가 없다는 점을 파고들어 성과를 거뒀다고도 볼 수 있다. 이에 대응해 각국은 공유경제 기업 또는 공급자에 대한 규제를 강화하고 있다. 에어비앤비로 대표되는 숙박 공유 공급업자에게 연간 최대 임대일에 제한을 둔다거나, 숙박 공유 전용으로 사용되는 주택에 대해 세금을 징수하거나, 최대 투숙객 수를 제한하는 등의 규제가 새로 적용되고 있다. 에어비앤비 등 숙박 공유가 일반화될수록 호텔 등 숙박업체들의 신규 진입이 어려워지고 전반적으로 도시의 관광 경쟁력이 악화될 수 있다는 지적이 이어지고 있기 때문이다. 뿐만 아니라 공급자들이 본래 취지와 달리 에어비앤비 전용 주택을 구입하는 바람에 집값이 오른다는 불평도 늘고 있다.

우버나 리프트와 같은 승차 공유 업체 역시 마찬가지의 문제를 안고 있다. 이들은 플랫폼 사업자임을 강조하면서 기존 규제를 유지하는 공공부문이 소비자에게 불편을 초래하는 원인을 제공한다고 주장했다. 기존 사업자와의 공존을 모색하는 대신 경쟁자 고사 전략을 지속한 것이다. 그러나 이는 2017년 유럽사법재판소가 우버에 대해 운송 서비스업으로 분류하는 것이 옳다고 판결하는 등 정부기관의 반발을 불러왔을 뿐이다.

우리나라도 승차 공유 업체인 '타다' 서비스가 논란이 되었다. 정부는 택시 면허가 불필요한 '타다 베이직' 서비스를 위법 콜택시로 규정했다. 반면, 업체 측은 새로운 서비스라는 입장을 고수했다. 정부가 중재안을 제시했으나 타다 측은 우버의 사례와 비슷하게 이를 거부했으며, 여론을 등에 업고 정부 측을 압박했다. 그러나 업체 측의 의도와 달리 소위 '타다 금지법'이 제정되었고 '타다 베이직' 서비스는 종료되었다. 현재 타다는 기존 택시 기사가 참여하는 '타다 프리미엄' 서비스만을 제공하고 있다.

이러한 규제 강화는 공유경제 공급자 감소로 이어질 가능성이 있다. 숙박 공유와 관련한 설문조사(김민정, 2016) 결과 국내 공급자들은 소득세 부과, 기관 등록, 방재시설 설치 등 기존 숙박업자들과 유사한 수준의 규제가 가해질 경우 공급을 지속할 의향이 절반 수준으로 감소한다고 답했다. 이는 공급자들이 추가적인 비용 부담에 대해 매우 민감하다는 뜻이다. 코로나19 이후 정부의 규제 강화로 감염병 예방을 위한 추가 비용 부담이 불가피할 경우 공급자들의 이탈

그림 4 가상적인 규제 상황하에서의 서비스 포기 여부

자료: "공유경제에 대한 경제학적 분석: 기대 효과와 우려 요인 및 정책적 함의", 김민정 외 2인(2016), KDI

확대 또는 신규 진입자의 감소로 이어질 가능성이 높다. (그림 4)

투자기관의 외면 가능성

공유경제 기업이 그간 각광을 받게 된 주요한 요인 중 하나가 벤처 캐피털 시장의 경쟁적인 투자였다. 금융위기 이후 글로벌 저금리 현상이 보편화되면서 대체투자에 대한 관심이 높아졌고 자연스럽게 벤처 캐피탈 시장에 참여하는 자금의 규모도 늘었다. 벤처 캐피탈 자금 규모는 2010~2012년 기간 동안 연 1,000억 달러 미만이었으나 2015년 이후에는 연 2,700억 달러 수준으로 크게 확대되었다. 그 결과 유니콘 기업[4]으로 평가받은 기업의 수는 2013년 45개에서 2015년에는 147개로 급증했다.

스타트업은 당연히 비상장기업이 대부분이다. 따라서 이들의 가치는 명확히 평가하기 어렵다. 이에 시장에서는 거래된 스타트업 기업의 지분 가치를 역산하여 기업 가치를 평가하는 방식을 활용했다. 어차피 정확한 가치를 알 수 있는 방법은 없고 노련한 전문 투자

---

4   기업 가치가 1억 달러(약 1조 원) 이상인 비상장 스타트업 기업.

자들의 경험에 의존할 수밖에 없는 상황이었기 때문이다. 그러나 이 같은 평가 방식은 투자 시장의 규모가 급격히 확대되는 상황에서는 기업 가치의 과대평가로 이어질 가능성이 크다. 투자 가치 평가 기준이 모호한 상황에서는 조금이라도 장래성이 높다고 평가되는 스타트업 기업에 자금이 집중되고, 지분 가격이 급등하면서 기업 가치가 높아지기 쉽기 때문이다.

대규모 자금을 집행하는 소프트뱅크의 비전펀드 출현은 이 같은 현상을 더욱 부추겼다. 비전펀드는 2016년 약 1,000억 달러 규모로 조성되었으며 매년 200억 달러를 테크 기업에 투자할 계획이다. 이는 기존 벤처 캐피탈 시장 연간 투자 규모의 20%에 해당하는 규모이다. 비전펀드의 투자를 받은 것만으로 자본시장의 주목을 받게 되고, 이는 또다시 대규모 자금을 손쉽게 수혈받는 순환으로 이어지면서 공유경제 기업의 가치는 기하급수적으로 증가해왔다. 시장에 거품이 형성되기 딱 좋은, 최적의 상황이 만들어진 것이다.

IPO에 실패한 위워크의 사례는 자본시장이 더 이상 공유경제 기업에 쌓인 거품을 좌시하지 않겠다는 신호로 봐야 한다. 위워크, 우버에 대한 투자 실패로 비전펀드는 2019년 3분기에만 7,000억 엔

(약 7조 5,000억 원)의 적자를 냈다. 비전펀드의 운용자인 손정의 회장이 속한 소프트뱅크는 위워크에 140억 달러(16조 3,000억 원)를 투입했지만 상장을 통한 투자금의 회수는 요원하기만 하다. 여기에 코로나19 확산으로 재택근무가 늘어나 고객의 이탈이 확대되고 있어 적자폭은 더욱 늘어날 것으로 우려되고 있다.

이런 상황에서 투자자는 공유경제 기업 투자를 꺼릴 가능성이 높다. 이미 상장한 우버, 리프트의 주가는 공모가의 40% 수준에 머물고 있으며 적자는 상장 이전보다 늘어난 상황이다. 회수가 불확실하다고 인식되는 산업군에 투자할 자본은 거의 없다. 그런데 공유경제

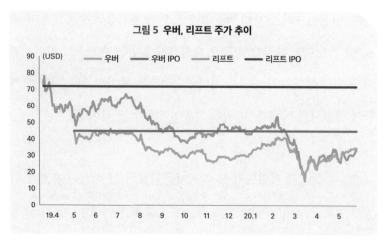

그림 5 우버, 리프트 주가 추이

자료: Bloomberg

기업들은 성장보다는 내실을 중시할 경우 퇴출이 불가피해 적자를 감수한 투자 전략을 고수할 수밖에 없는 상황이다. 사업을 유지하기 위해서는 외부 자금 수혈이 필수적이지만 자금을 투자할 투자자는 거의 없는 실정이다. (그림 5)

공유기업들은 지금 거품이 걷히고 있는 상황이다. 거품 뒤에 무엇이 남아 있을지는 아무도 알 수 없다. 사실 지금까지 우리는 유명 투자자들로부터 대규모 투자에 성공했던 일부 공유경제 기업의 사례를 들어 공유경제의 성공을 예단했는지도 모른다.[5] 분명히 말할 수 있는 것은 공유경제 기업들이 과거처럼 각광받을 가능성은 거의 없다는 점이다. 공유기업에 대한 자본시장의 불신이 높아진 이상 대규모 투자 자금의 유치나 IPO 등을 통해 창업자가 갑부가 되는 성공 스토리를 더 이상 기대하기는 어려울 것이기 때문이다. 공유의 가치는 남겠지만 지역 사회에서 소규모로 존속하는 수준에 머물 가능성이 높다.

---

[5] 실패 기업은 퇴출되고 성공 기업만이 살아남는 자본시장의 속성상 이 같은 문제는 소위 '생존편의'로 일컬어지고 있으며 산업 분석 시 주의해야 할 오류로 항상 지적되고 있다. 생존편의된 자료를 기반으로 분석된 결과는 항상 낙관적인 결론을 야기하는 문제에 봉착하게 된다.

4장

코로나발 타격이 우려되는
전통 산업

글로벌 공급망 단절이
가져올 변화

안혜영

2019년 7월, 일본은 한국의 제2차 세계대전 배상금 강제 집행 움직임에 대한 보복으로 반도체·디스플레이 제조에 필요한 핵심 소재의 대 한국 수출을 규제했다. 이로 인해 국내 반도체 산업의 생산이 중단될 위기였지만 각 기업들이 대체품을 찾으면서 최악의 상황은 모면할 수 있었다. 그러나 코로나19 팬데믹에서는 속수무책이다. 그동안 미중 무역 분쟁, 한일 수출 규제로 위태로운 모습을 보였던 '글로벌 가치사슬'이 실제로 끊어진 것이다. 글로벌 공급망의 불확실성을 직접 경험한 기업들은 그동안 정석으로 여겼던 원가 절감과 효율성을 앞세운 국제 분업구조 체계에서 벗어나, 보다 안정적인 공급체계를 구축하기 위한 방향으로 글로벌 공급망을 변화시켜나갈 것이다.

코로나19로 흔들리는 글로벌 공급망

1980년대 후반 냉전시대 종식 후 2008년 글로벌 금융위기 이전까지 약 20년은 세계화의 시대로 불린다. 전 세계 상품, 노동, 자본의 이동이 자유로워지고 국경을 초월한 생산이 가능해지면서, 글로벌 기업들은 제조 과정을 나누어 가장 효율적인 국가에 배치하는 국제 분업 구조에 참여하기 시작했다. 이로 인해 전 세계는 가까워졌고 점점 더 깊고 복잡하게 연결되었다. 특히 1990년대 이후 IT 기술이 발달하고, 중국을 비롯한 신흥국이 세계경제에 편입되면서 국제 분업구조에 기반한 글로벌 가치사슬(GVC: Global Value Chain)[1]의 성장이 가속화되었다. 또한 GVC의 성장으로 중간재 교역이 확대되면서 세계 교역 비중은 금융위기 직전까지 지속적으로 상승하였고, 이는 세계 성장을 견인해왔다. (Box 1과 그림1)

그러나 글로벌 금융위기 이후 저성장과 소득 불평등에 따른 양극화 심화로 자국 우선주의가 강화되면서 국가 간 교역, 투자, 인력 교류는 정체되고 있다. 또한 중국 등 신흥국의 인건비가 상승하면서

---

1   글로벌 가치사슬(GVC)은 제품 및 서비스의 기획부터 부품/원재료 조달, 생산, 유통을 거쳐 소비자에게 판매되기까지 일련의 과정이 2개 이상의 국가에서 이루어지는 생산 네트워크를 의미한다.

Box 1 GVC 전방 및 후방 참여

- 한국의 경우 후방 연계와 전방 연계 두 가지 형태로 글로벌 가치사슬(GVC)에 참여
- 후방 참여(Backward Participation)는 구매자 관점에서 GVC에 참여하는 방식으로 국내에서 한 제품을 생산하기 위해 해외에서 중간재를 들여오는 것을 의미
  - 후방 GVC 참여도는 총생산액 중 국내 최종 소비재 생산 및 해외 생산에 투입된 해외 부가가치 비중
  - 예시 | 국내에서 C15(운송장비) 제품을 생산하기 위해서는 해외(중국, 미국, 일본 등)로부터 들여온 금속, 전기전자, 화학 등의 중간재 및 서비스가 투입

후방 연계 GVC 참여

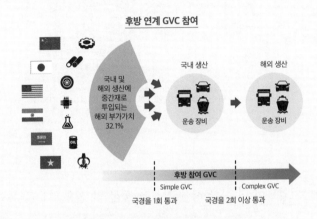

- 전방 참여(Forward Participation)는 판매자 관점에서 GVC에 참여하는 방식으로 해외 생산(해외 최종 소비와 제3국 재수출 모두 포함)을 위해 중간재를 수출하는 것을 의미
  - 전방 GVC 참여도는 총생산액 중 해외 생산에 투입된 국내 부가가치 비중
  - 예시 | 국내에서 생산된 C9(화학 제품)는 해외(중국, 미국, 일본 등)의 건설, 전기전자, 운송 장비, 기타 서비스 등 다양한 산업 생산에 중간재로 투입

전방 연계 GVC 참여

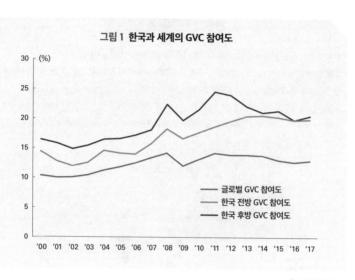

그림 1 한국과 세계의 GVC 참여도

자료: UIBE RIGVC

글로벌 기업들이 더 이상 생산 거점을 중국 및 신흥국에 둘 유인이
사라졌다. 이로 인해 선진국-신흥국 간의 수직적 분업구조가 약화
되면서 기존 글로벌 공급사슬에 변화가 나타나게 된 것이다.

　여기에 올 초 중국에서 시작된 코로나19가 아시아를 거쳐 2~3개
월 만에 유럽, 미국 등 전 세계로 확산되면서 글로벌 공급망이 흔들
리기 시작했다. 세계의 공장 역할을 담당하던 중국의 생산 활동이
가장 먼저 중단되었고 이로 인해 중간재 조달 → 제품 생산 → 물류
및 유통으로 이어지는 글로벌 공급망에 차질이 발생했다. 이후 코

로나19가 전 세계로 확산되면서 주요국의 생산이 멈춰 섰고 국가 간 이동 제한 조치로 입국, 통관, 수송에 차질이 발생하면서 그동안 GVC를 통해 견고하게 연결되었던 글로벌 공급망이 단절되는 상황 이 발생하고 있다. 그동안 높은 생산 효율성을 기반으로 글로벌 성 장을 견인해온 국제 분업구조가 팬데믹과 같은 전 세계적 위기 상황 에서는 매우 취약한 구조임이 증명된 것이다.

과거에도 일본 대지진, 사스 등의 감염병으로 글로벌 공급망이 단 절된 사례가 있었지만 이는 특정 지역의 생산 차질에 국한된 것이었 다. 반면, 이번 코로나19는 전 세계를 연결하는 공급망 전체에 타격 을 입히고 있다는 점에서 과거와는 차원이 다른 충격을 주고 있다.

글로벌 공급망 단절로 '살얼음판' 걷는 국내 산업

한국은 국내총생산 중 무역 의존도(수출액+수입액)가 70%에 달하고 있어 글로벌 교역 의존도가 매우 높다. 이 중 국제 분업구조 참여도 를 보여주는 중간재 수출의 비중은 약 63.3%로(OECD 평균 55.2%) 높아 글로벌 공급망에 깊게 연결되어 있다. 특히 국내 주력 산업인 화학, 고무/플라스틱, 반도체, 정유, 철강 등의 경우 중간재 수출 비 중이 약 90% 내외에 달한다. (그림 2) 이에 따라 한국의 GVC 참여

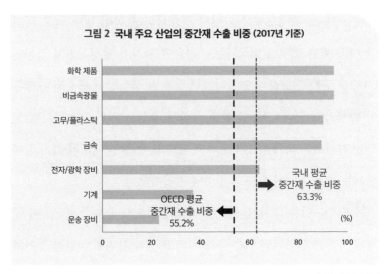

그림 2 국내 주요 산업의 중간재 수출 비중 (2017년 기준)

자료: UIBE RIGVC

도는 2017년 기준 전방 19.9%, 후방 20.2%로 세계 평균(12.9%) 대비 높게 나타나고 있으며, 금융위기 이후 전 세계 GVC 참여가 둔화되었을 때도 한국은 상승세를 이어왔다. 그러나 이번 코로나19 확산으로 주요 교역 국가의 국경 봉쇄가 이어지고 글로벌 공급망 단절 가능성이 높아짐에 따라 GVC 참여도가 높은 국내 산업은 생산 및 수출 타격이 불가피한 상황이다. 특히 한국의 GVC는 중국, 미국, 일본, 유럽의 의존도가 높으나 이들 국가 모두 코로나19로 수요, 공급에 큰 차질이 발생했다. 가장 먼저 코로나19가 확산되었던 중국의 경우 생산설비를 다시 가동했지만 미국, 유럽 등의 공급과 수요가 상당 부분 차단된 탓에 글로벌 공급망 기능이 위축된 상황이다. 이에 따라 실제 코로나19의 영향이 본격화된 4월 국내 수출과 수입은 전년 동기 대비 각각 24.3%, 15.9% 감소했다.

국내 세부 산업별 영향은 글로벌 공급망 노출 정도에 따라 차이를 보이게 될 것이다. 개별 산업별 글로벌 공급망 노출도를 살펴보기 위해 국내 25개 산업(ADB MRIO 산업분류 기준)을 대상으로 ① GVC 참여도 ② 공급망 집중도(CR3) ③ 최근 3년간 GVC 증가율 ④ 공급망 길이(GVC Length)의 4가지 요인을 통해 평가해보았다. (Box 2) 그 결과 전자 광학장비(반도체 포함), 화학/정유, 기계, 금속 등 국내 주력 산업 대부분이 글로벌 공급망에 대한 노출도가 높은 것으로 평가되었다.

따라서 글로벌 공급망 단절이 현실화될 경우 이들을 중심으로 수출 및 생산이 위축될 가능성이 높다. 앞으로도 코로나19와 같은 감염병뿐만 아니라 보호무역주의 강화로 인한 국가 간 분쟁이 더해져 추후 국내외 공급망 문제가 빈번하게 재발할 것으로 보인다. 이 경우에는 상대적으로 공급망 노출도가 낮게 평가된 산업 또한 공급망 리스크에서 안전할 수 없다. 이를 고려할 때 국내 기업들은 글로벌 공급망 의존도를 낮추고 보다 안정적인 공급체계 구축을 위해 과감

Box 2 국내 산업별 공급망 리스크 노출도 평가

- 공급망 리스크 Score는 25개 개별 산업을 대상으로 전, 후방 연계 GVC 각각에 ① GVC 참여도 ② 공급
  망 집중도(CR3) ③ 최근 3년 GVC 증가율 ④ 공급망 길이(GVC Length)의 4개 항목에 1~25점의 점수를
  부여(가장 낮으면 1점, 가장 높으면 25점)한 후 전방 GVC Score와 후방 GVC Score를 합산하여 도출
  ① GVC 참여도: 해당 산업의 총생산액 중 해당 산업의 GVC 생산액 비중
  ② 공급망 집중도(CR3): 개별 산업의 GVC 생산액에서 상위 3개국이 차지하는 비중
  ③ 최근 GVC 증가율: 해당 산업의 최근 3년('15~'17년) 연평균 GVC 증가율
  ④ 공급망 길이(GVC Length): 해당 산업 내에서 원자재가 투입된 이후 최종 생산물이 되기까지 거치
     게 되는 평균적인 생산 단계 수

| 산업 | 항목 평가(전, 후방 합산) | | | | 후방 GVC Score | 전방 GVC Score | 종합 Score |
	GVC 참여도 (%)	CR3(%)	최근 3년 GVC 증가율(%)	GVC Length			
전자 광학장비	41	46	42	29	85	73	158
기타 제조업	27	40	33	37	64	73	137
화학	46	26	41	24	62	75	137
기계	23	36	36	32	69	58	127
고무/플라스틱	40	27	26	22	63	52	115
펄프/나무제품	23	26	26	40	75	40	115
건설	10	25	45	33	64	49	113
가죽/가죽제품	36	33	17	26	59	53	112
정유	48	32	18	12	67	43	110
나무제품	21	24	39	25	52	57	109
운송장비	21	42	16	27	76	30	106
음식료	10	24	34	35	45	58	103
임대/기타 사업서비스	12	32	30	28	46	56	102
도매업	9	26	35	31	47	54	101
자동차판매	12	27	35	26	49	51	100
여행업	20	21	20	37	42	56	98
소매업	12	25	32	26	47	48	95
섬유 및 섬유제품	28	22	14	29	63	30	93
해운	37	24	24	5	46	44	90
비금속광물	34	27	11	12	31	53	84
금속	40	14	11	19	40	44	84
항운	40	13	24	5	41	41	82
육상운송	10	15	24	31	22	58	80
전기/가스/수도	25	15	12	27	26	53	79
광업	25	8	5	32	19	51	70

주: Score가 높을수록 리스크가 높음을 의미

한 공급망 재편이 반드시 필요한 상황이다.

Reshoring: 각자도생 시대에 대비하자

최근 효성은 당초 베트남 동나이성에 신설할 계획이었던 섬유 신소재 아라미드 생산 라인을 울산에 짓는 것으로 계획을 변경했다. 이에 앞서 SK하이닉스도 용인에 위치한 448만m² 부지에 2022년부터 120조 원을 투자해 반도체 생산 라인 4기를 건설하고 국내외 소재·장비·부품 협력사 50개사 이상이 이곳에 함께 입주할 것이라는 계획을 발표했다. 그동안 정부는 리쇼어링(reshoring)[2] 독려를 위해 유턴기업에 대해 지원을 해왔음에도 불구하고 생산기지로 중국 등 동남아 신흥국을 고집해왔던 국내 대기업들이 과거와는 다른 행보를 보이고 있는 것이다. 국내 기업들의 이 같은 움직임은 최근 공급망 위기를 통해 시장 접근성 및 비용 절감 등 효율성을 극대화하던 기존 국제분업구조에 기반한 전략이 더 이상 유효하지 않다는 사실이 드러났기 때문이다. 결국 코로나19 이후 국내 기업들은 생산 비

---

2   '제조업의 본국 회귀'를 의미. 인건비 등 각종 비용 절감을 이유로 해외에 나간 자국 기업이 다시 국내에 돌아오는 현상을 말한다.

용이 증가하더라도 안정적인 생산을 위해 생산 시설을 국내로 이전하는 리쇼어링을 선택하게 될 것이다.

이미 미국, 유럽 등의 선진국은 중국 등 신흥국의 임금 상승과 보호무역주의 확대에 따른 관세 부담, 4차 산업혁명으로 인한 생산 기술 혁신으로 리쇼어링이 증가하고 있다. 미국의 경우 오바마 정부부터 제조업 육성을 위해 리쇼어링 이니셔티브를 설립하고 법인세 인하 및 규제비용총량제 등의 지원을 확대하면서 기업들의 리쇼어링이 빠르게 증가하는 추세다. 실제 2000~2018년 사이 애플, 보잉, 월풀, GE를 비롯한 3,300여 개 기업이 미국 내로 돌아왔다.

한국 또한 2013년부터 '유턴기업 지원제도'를 통해 제조업체의 리쇼어링을 유도하고 있지만 이렇다 할 만한 성과를 보이지 못했다. 이는 국내의 경우 선진국 대비 유턴기업 인정 범위가 제한적인 데다, 리쇼어링 후 높은 인건비와 물류비를 감당하기에는 인센티브가 불충분했기 때문이다. 그러나 이번 코로나19 사태를 경험하면서, 국내에서의 고임금을 감내하더라도 안정적인 공급망 확보를 위해 저임금 국가에 있던 생산 시설을 국내로 이전하려는 기업들의 시도가 이어질 것이다. 물론 이미 해외에 진출해 있는 국내 기업의 해외 생산기지 모두를 국내로 복귀하는 것은 불가능하다. (그림 3) 그러나

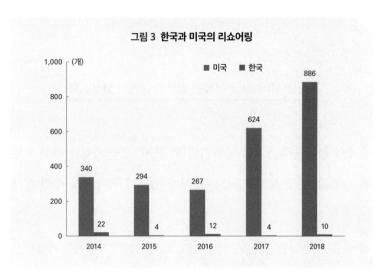

그림 3 한국과 미국의 리쇼어링

자료: 산업통상자원부, 미국 리쇼어링 이니셔티브

이번 효성과 SK하이닉스와 같이 향후 추가 투자를 국내에서 진행하여 국내 공급망을 구축할 수 있다면, 장기적으로 글로벌 공급망 리스크를 줄일 수 있을 것이다.

다만 그동안 국내 기업이 적극적으로 리쇼어링에 나서지 못한 이유가 높은 인건비와 생산 비용에 있는 만큼 법인세 등 세제 감면, 투자보조금 지원, 고용 지원 등 정부의 강도 높은 인센티브가 수반되어야 할 것이다. 또한 기업이 리쇼어링으로 직면할 수 있는 임금 및 생산 비용 상승 문제는 정보화, 자동화, 지능화에 기반한 스마트 공장 구축과 생산 기술 혁신을 통해 해결할 수 있으므로 적극적인 지원을 통해 국내 기업의 리쇼어링을 활성화할 수 있을 것이다.

Regionalization: 이제는 필요한 곳에서 생산하자!

각국이 공급망 리스크를 줄이기 위해 할 수 있는 가장 안전한 방법은 자국 내 공급망을 구축하는 것이다. 그러나 원자재 및 중간재 조달, 높은 인건비 및 생산 비용 상승 등의 한계로 모든 산업과 기업들에 이를 적용하는 것은 불가능하다. 따라서 글로벌 주요 기업들은 대안으로 최종 소비자에게 더 가까운 곳에서 생산하고 공급할 수 있도록 생산기지를 최종 소비 지역 또는 자국 주변 국가로 이동하여 공급망을 지역화(regionalization)하는 방향을 선택하게 될 것이다. 금융위기 이후 탈세계화가 진행되고 무역 패러다임이 세계화에서 지역화로 변화하면서 아시아는 중국, 유럽은 독일, 북미는 미국을 중심으로 지역 내 무역 가치사슬을 강화하고 있다.

공급망을 지역화할 경우 공급망이 전 세계적으로 복잡하게 얽혀 있을 때보다 소재, 중간재, 완제품으로 이어지는 생산 기간과 물류 시간을 단축할 수 있을 것이다. 또한 국가 간 정치적 대립, 자연재해, 감염병 등으로 인해 발생할 수 있는 글로벌 공급망 리스크에 대한 노출도 줄어들 것이다.

한국은 세계 최대 생산국인 중국과 인접해 있고, 최근 고성장 중인 ASEAN(Association of South East Asian Nations: 동남아 국가 연합) 국가와도 같은 아시아 경제권에 속해 있어 이들을 중심으로 지역 내 공급망을 구축하고 이에 참여함으로써 새로운 기회를 잡을 수 있을 것이다. 중국과 ASEAN 국가들은 생산기지 역할이 가능한 동시에, 경제 성장에 따른 구매력 확대로 소비 시장으로서의 위상도 점차 높아지고 있다. 이를 감안할 때 한국의 주력 수요 시장인 미국, 유럽 등 선진국을 충분히 대체할 수 있을 것으로 보인다. 특히 지난해 11월 세계 최대 규모 Mega RTA인 '역내 포괄적 경제동반자협정(RCEP)' 협정문 합의가 이루어짐에 따라, RCEP가 발효될 경우 지역 내 공급망 구축은 가속화될 것으로 보인다. RCEP는 세계 인구의 절반, 전 세계 GDP의 1/3에 달하는 거대 경제권인 만큼 한국은 이를 안정적인 교역 기반 확보를 위한 기회로 활용할 수 있을 것이다.

또한 최근 코로나19 확산의 책임 소재를 둘러싸고 미국과 중국의 갈등이 다시 촉발되었다. 이 과정에서 미국은 중국을 중심으로 구축된 글로벌 공급망을 미국 내에 새롭게 구축하는 방안을 제시하고 있다. 중국을 배제하고 한국, 일본, 대만, 베트남, 인도 등 아시아 우방

국들을 미국 중심의 공급망에 참여시키겠다는 입장이다. 얼마 전 세계 최대 반도체 파운드리 기업인 대만 TSMC가 미국 정부의 지원을 통해 미국 내에 최첨단 반도체 공장을 짓기로 결정한 것 또한 미국이 구축하는 새로운 공급망에 참여하는 과정으로 보인다. 한국 기업들도 미국 내 최종 수요가 많은 품목을 중심으로 대만 TSMC와 같은 방식으로 미국 지역 공급망에 참여하는 것을 고려해볼 수 있을 것이다.

다만 미중 갈등이 점점 더 고조되고 있는 상황에서 한국이 미국 또는 중국 중심의 지역 공급망에 참여할 경우 상대국의 보복 조치 가능성을 배제할 수 없는 상황이다. 한국은 양국에 대한 경제적 의존도가 모두 높은 만큼 공급망 참여에 있어 신중하고 전략적인 선택이 필요할 것이다.

Just-in-Time: 전략적 재고 관리의 중요성 부각

1903년 미국에서 컨베이어벨트를 개발해 대량 생산 체제 시대가 열리자 제조업에서 재고가 꾸준히 늘어나기 시작했다. 하지만 재고는 비용이다. 저장 공간을 차지하고 관리 비용이 소요되며 손실 위험도 있기 때문이다. 이에 1960년대 일본 자동차 회사 도요타는 비용을 최소화하기 위해 생산에 필요한 만큼의 부품만을 적시에 납품 받아 재고를 최소화하는 '저스트 인 타임(Just in Time: JIT)' 방식을 도입하면서 효율성을 극대화하는 생산 시대를 열었다. 디지털 기술의 발달과 함께 JIT 방식은 진화했고, 이는 글로벌 기준으로 자리 잡게 되었다.

그러나 JIT 방식이 원활하게 진행되기 위해서는 완벽한 물류체계가 뒷받침되어야 한다. 따라서 외부 충격에는 취약하다는 한계가 있다. 이번 코로나19 사태로 각국 국경이 봉쇄되고 견고하게 유지되던 물류체계가 무너지자 효율성에 기반한 JIT 방식은 제 기능을 하지 못하게 되었다. 따라서 코로나19 이후 기업들은 효율성과 비용 절감을 위한 '저스트 인 타임' 방식에서 벗어나 비용이 들더라도 '만약(Just in Case: JIC)'을 위한 예비 재고 및 자원을 확보하여 공급망의 안정성을 높이는 방향으로 변화해나갈 것이다.

다만 재고 확보를 위해서는 저장 및 관리 비용, 가격 변동, 손실 위험도 감수해야 하므로 기업들이 일방적으로 재고를 축적해둘 수만은 없는 상황이다. 따라서 산업별로 비상 상황 발생 시 대체 부품 투입 시점까지 유지 가능한 수준의 안전 재고량을 파악하고, 이를 최대한 확보하는 전략으로 대응해야 한다. 동시에 기업들은 각 지역별로 다양한 공급처를 파악하고, 이에 대한 정보를 데이터화하여 관리한다면 비상 상황이 발생하더라도 이를 통해 빠른 대응이 가능할 것이다.

한편 국내에서 생산한 중간재를 해외로 수출하는 전방 참여 중심의 산업은 글로벌 공급망 문제 발생 시 국내 제품의 수출 차단으로 이어지게 되므로 국내에 재고가 축적될 가능성이 높다. 따라서 이 경우에는 소량을 주문 즉시 생산하는 기존의 '저스트 인 타임' 방식을 유지하는 것이 더 바람직할 것이다.

일괄 생산체계와 핵심 부품의 표준화 구축

국내 주요 산업의 공급망은 세계 평균 대비 복잡하고 길게 연결되어 있어 특정 지역의 교통망 폐쇄, 이동 통제 발생과 같은 외부 충격에 취약한 편이다. 따라서 생산 인프라 자동화와 지능화에 기반한 스마트 제조 전환을 통해 일괄 생산체계를 구축할 수 있다면 공급 단계를 축소할 수 있을 것이다.

또한 향후 코로나19 사태와 같은 돌발 위기가 빈번히 발생할 가능성이 높아진 만큼 수요 변화에 유연하게 대응하기 위한 방안이 필요하다. 이를 위해 중장기적으로는 핵심 부품 및 모듈의 표준화를 구축하는 방안도 생각해볼 수 있을 것이다. 표준화된 부품과 모듈, 공정을 실제 생산에 적용할 수 있다면, 특정 지역의 공급망이 차단되더라도 타 사업장에서 대체품의 생산이 이루어질 수 있기 때문에 공급 공백을 최소화할 수 있을 것이다.

기업들은 성장 기회 포착해야

코로나19 사태에 따른 글로벌 공급망 차단은 기업이 영위하고 있는 산업의 공급망을 재점검하는 계기가 되고 있다. 글로벌 공급망 차단에 따른 영향은 주요 산업 및 사업 부문별로 상이할 것이다. 따라서 기업들은 이를 반영하여 코로나19 이후의 사업 포트폴리오에 대해 검토할 필요가 있다. 특히 GVC 참여 비중이 높은 제조업은 전, 후방 산업과 깊게 연결되어 있는 특성상 개별 기업 단위의 사업 포트폴리오 재편뿐 아니라 원재료 공급처, 제품 수요처 등 전, 후방 공급망 재조정이 함께 이루어져야 할 것이다.

코로나19 사태는 여전히 진행 중이고 불확실성이 높다. 하지만 기업들은 과거에도 그랬듯이 위기 속에서 새로운 성장 기회를 포착하게 될 것이다. 기업들은 내부적으로는 디지털 트랜스포메이션을 통한 생산 자동화를 구축하여 공급 단계를 축소하고 경쟁력을 확보해야 한다. 기업 내부의 변화만으로는 사업 재편의 속도와 범위가 제한적인 만큼, 최근 코로나19 사태로 유동성 확보에 어려움을 겪고 있는 기업을 대상으로 M&A 기회를 모색해볼 수 있을 것이다. 기업들은 이를 통해 각 사가 영위하는 주력 사업 영역에서 가치사슬을 구축하고 산업 내 지배적인 사업 지위를 확대하는 기회로 삼을 수 있을 것이다.

한국 자동차 산업, 위기인가 기회인가?

김동한

코로나19라는 전대미문의 사건이 국내외 자동차 산업을 강타하고 있다. 코로나19 이전의 삶으로 돌아갈 수 있을까? 지난 5월 14일 세계보건기구는 코로나19가 HIV처럼 영원히 사라지지 않을 것이라고 경고했다. 정은경 질병관리본부장도 "앞으로 코로나19 종식이라는 말을 쓸 수 있을지 모르겠다."며 "가보지 않은 길이기 때문에 혁신적인 생활 방식을 고민해야 한다."고 말했다. 그런데 자연선택에 의한 진화론을 체계화한 찰스 다윈은 "지구에서 살아남은 종은 힘이 세거나 영리한 동물이 아니라, 변화에 적응한 동물이다."라고 했다. 다시 말하자면, 인간은 적응의 동물이다. 따라서 포스트 코로나 시대의 자동차 산업도 새로운 환경 변화에 적응해나갈 것이라고 생각된다.

자동차 산업은 제조업의 핵심 주력 산업

자동차 산업은 완성차 업체와 자동차 부품사 간의 수직 계열화된 사업구조를 형성하고 있다. 완성차 조립, 판매, 정비, 할부 금융, 보험 등을 포함하는 광범위한 산업 기반을 전제로 하고 있기 때문에 전후방 산업에 대한 파급 효과와 고용창출 효과가 큰 산업이다. 그리고 소재, 철강, 기계 등 전통 산업에서부터 IT, 에너지, 바이오 등 다양한 산업에 이르기까지 생산 유발 및 기술 파급 효과가 큰 산업이다. 또 각 부품마다 다른 생산 공정을 거치는 2만여 개의 부품을 조립하여 자동차로 완성하는 조립산업이자 대량생산 방식의 기계공업을 지향하는 종합산업이라고 말할 수가 있다.

한국에서 자동차 산업은 국가 경제를 주도하는 제조업의 핵심 주력 산업으로 2017년 기준으로 제조업 생산액의 12.7%, 제조업 수출액의 11.3%, 제조업 부가가치의 10.1%를 차지하고 있다. 그리고 4,605개의 자동차 기업들이 우리나라 전체 종업원의 11.9%가량을 고용하고 있어 내수에도 상당한 기여를 하고 있다. 단일 품목(자동차, 자동차 부품) 수출 최대 산업으로 2018년 640억 달러의 수출과 465억 달러의 무역수지 흑자를 기록하는 등 36년 연속 무역흑자 행진을 이어가면서 대표적인 흑자 산업으로서의 위상을 공고히 하고 있다.

한국 자동차 산업은 국내 생산 대비 수출과 해외 생산 비중이 높다. 연간 기준 국내 생산 400만 대 중에서 250만 대를 수출하고 있고, 해외 생산 규모도 600만 대에 이르고 있다. 해외에서 생산한 자동차는 대부분 현지 국가에서 판매되고 있다. 그리고 비용 절감 차원에서 핵심 부품을 제외한 다수의 범용 부품은 해외에서 생산하여 국내로 수입하기도 한다. 즉, 한국 자동차 산업은 글로벌 공급망이 중요하고, 해외 수요에 민감한 업종이라고 할 수 있다.

한국 자동차 산업은 2월부터 타격 시작

코로나19 확산의 영향으로 2월 중국 생산 공장이 휴무에 들어가고 생산에 필요한 와이어링 하네스 공급이 중단되면서 국내 자동차 생산 공장들도 휴업에 들어갔다. 국내 완성차 업계는 춘절 연휴를 감안한 부품 재고만 확보하고 있었는데 코로나19 사태가 확산되면서 부품 수급에 차질을 빚게 된 것이다. 현대차 울산 4공장, 울산 5공장은 2월 4일 휴업을 시작으로 대부분 2월 11일까지 휴업하였고, 기아차 소하리·광주·화성 공장도 2월 10일에 휴업을 실시했다. 쌍용차는 2월 4~12일까지, 르노삼성은 2월 11~14일까지 휴업했다. 완성차를 생산하기 위해 필요한 2만여 개의 부품 중에서 단 1개의 부품이라도 수급에 차질이 생기면 완성차 생산이 중단된다는 것을 확인할 수 있었다.

글로벌 자동차 시장은?

올해 2월 코로나19 여파로 12개 성, 76개 도시에 봉쇄 수준의 조치를 취하고 4억 명에 대한 이동 제한 조치를 취하면서 중국 자동차 시장은 판매 절벽에 직면했다. 중국 승용차연석회의에 따르면 전염병 확산의 영향으로 2월 중국 자동차 생산과 판매는 각각 28만 5,000대, 31만 대로 전년 동월 대비 각각 -79.8%, -79.1% 급감했다. 수년간 부진을 겪은 중국 시장에서 수익성 제고와 판매 회복을 모색했던 현대/기아차 역시 전염병에 발목을 잡히면서 2월 판매량이 전년 동기 대비 -95% 감소했다. 3~4월 들어 코로나19 확산 완화와 소비심리 회복으로 판매 감소 폭이 완화되고 있고, 중국 내 자동차 업체들의 영업활동이 점진적으로 정상화되고 있다. 그러나 현지 공장들의 평균 가동률은 아직 손익분기점인 80% 수준에 머물고 있고 있는 등 느린 회복 속도를 보이고 있다.

스페인, 이탈리아, 독일, 프랑스, 미국 등 대부분의 완성차 생산시설도 일시적인 조업 중단을 겪고 있다. 전염병 확산 방지를 위한 이동 제한 조치로 인해 전 세계가 공급 감소, 소비 심리 악화에 따른 수요 감소, 글로벌 무역 부진에 빠진 것이다. 3월 국가별 자동차 판매는 이탈리아, 프랑스, 스페인, 미국 각각 전년 동기 대비 -86%, -72%, -69%, -38% 감소했다. (그림 1) 글로벌 신용평가사 무디스

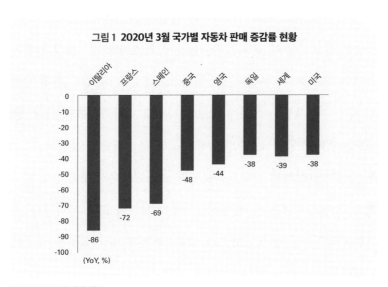

그림 1 2020년 3월 국가별 자동차 판매 증감률 현황

주: 중국은 도매 판매 기준

자료: 언론자료

는 올해 2분기 글로벌 자동차 수요를 전년 동기 대비 -30% 감소할 것으로 전망했다. 또한 연간 수요는 전년 대비 -14% 감소로 예측했다. IHS 마킷도 연간 글로벌 자동차 수요를 전년 대비 -12% 감소한 7,880만 대로 전망했다.

글로벌 신용평가사들은 코로나19 확산에 따른 공급 차질과 수요 감소를 우려해 주요 자동차 업체들의 신용등급을 하향 조정 중이다. 무디스는 현재 Baa1을 부여하고 있는 한국 현대/기아와 중국 동풍열달기아/북경현대/길리기차에 대해서 신용등급을 하향 검토 중이다. S&P는 다임러 AG와 BMW 신용등급을 BBB+와 A로, 포드 신용등급은 정크 수준인 BB+로 강등했으며, 폭스바겐 신용등급 전망을 안정적(BBB+)에서 부정적으로 하향 조정했다. 이와 같은 환경 악화로 자동차 업체들은 유동성 확보에 나서고 있다. 도요타는 1조 엔, 포드는 230억 달러(한도 대출 150억 달러, 채권 발행 80억 달러), FCA는 62.5억 달러의 유동성을 확보했다. 르노그룹은 정부 지원에 관해 협의 중이고, GM은 전 세계 사무직원의 급여를 20% 삭감했다. 포드는 배당금 지급을 중단했으며, 임원 300명의 임금 일부를 지급 연기했다.

한국 자동차 산업은?

올해 4월 국내 자동차 판매의 경우 내수 판매가 양호했음에도 불구하고, 해외 판매 부진 때문에 전체 자동차 판매는 부진한 실적을 나타냈다. 4월 국내 내수 판매는 14만 5,558대로 개별소비세 인하(3월 1일~6월 30일 출고 차량)와 신차 출시 효과 덕분에 전년 동월 대비 +6.4% 증가했다. 그러나 해외 판매가 17만 1,892대로 전년 동월 대비 -64.4% 감소하면서, 국내외 자동차 전체 판매는 31만 7,450대로 전년 동월 대비 -48.8% 감소했다. 판매 부진의 주요 요인은 코로나19 확산으로 인해 미국, 유럽, 인도 등 해외 생산 공장의 잇따른 셧다운, 소비 심리 위축, 그리고 딜러 영업망 붕괴 때문이다. 현대차의 경우 미국 딜러점 가운데 31%가 영업을 중단했고, 41%는 단축 근무를 했다.

우리나라 자동차 내수 판매는 2분기 이후 회복 예상

코로나19 팬데믹 선언에 봉쇄령이 내려진 국가가 늘어나며 전체적인 소비 심리가 위축되고 있다. 그에 따라 자동차 산업이 2009년 금융위기 이후 가장 어려운 시기를 보내고 있다. 그동안 자동차 산업은 전염병의 확산에 따른 충격을 크게 받은 적이 없었기 때문에 과거 히스토리를 토대로 회복을 예측하기가 쉽지 않다. 다만 내수 판매의 경우 코로나19의 모범 방역으로 사태가 진정된다는 전제하에 개별소비세 인하 연장 가능성, 신차 출시 등에 힘입어 2분기 이후 정상 판매를 회복할 수 있을 것이다. 한편, 유럽과 미국을 중심으로 코로나19의 영향권에 진입하였고, 4월부터 본격적인 해외 판매 타격이 발생하고 있다. 실제로 세계 각국의 정부가 코로나19 확산을 막기 위해 외출 제한 조치, 공장 폐쇄 조치 등을 명령하면서 4월 기준 대부분의 현대/기아차 해외 생산법인도 문을 닫았다. 또 대외 여건 악화로 국내총생산 중에서 약 60%를 수출하고 있는 국내 자동차 산업의 수출 불확실성도 지속되고 있다. 따라서 수출과 해외 판매의 경우 해외 공장 셧다운, 수요 위축 등으로 인해 금년 4분기 이후 평년 수준을 회복할 수 있을 것으로 보인다.

현대/기아차 전망

코로나19 이전에도 글로벌 공급 과잉, 미중 무역 전쟁, 경쟁력 약화 등으로 현대/기아차는 수익성이 악화되었다. 코로나19 이후 글로벌 수요 충격이 더해지면서 경영상의 어려움이 심해질 것으로 예상된다. 다만 코로나19 이전의 어려움이 주로 현대/기아차의 문제였다면, 코로나19 이후는 전 세계 자동차 업계의 위기라는 점에 차이가 있다. 현대/기아차는 글로벌 경쟁사 대비 상대적으로 유리한 생산 포트폴리오를 유지하고 있다. 현대/기아차의 지역별 생산능력 비중은 한국(36%), 중국(22%), 중남미(14%), 유럽(15%), 북미(8%) 순이다. 철저한 방역, 강력한 사회적 거리 두기 등으로 안정을 찾은 한국 시장의 생산능력 비중이 높고, 현재 생산 차질이 본격화되고 있는 유럽과 미국의 비중이 낮다는 점에 주목할 필요가 있다.

반면, 유럽 시장 의존도가 높은 PSA(77%), 르노(70%), 다임러(58%), 피아트(52%), 폭스바겐(40%), 미국 시장 의존도가 높은 크라이슬러(81%), 포드(32%), 혼다(31%) 등은 실적 악화와 유동성 문제가 거론되고 있다. 따라서 현대/기아차는 코로나19로 인해 어려운 경영 상황이 지속될 전망이지만, 경쟁사 대비 실적 감소 폭은 낮을 것으로 보인다.

한국지엠, 르노삼성, 쌍용차 전망

그동안 GM은 인도 내수시장과 호주·인도네시아 공장, 남아프리카

공화국에서 쉐보레 브랜드 철수를 단행하는 등 수익성 위주로 세계 공장을 재편했다. 그 과정에서 한국 시장 역시 수익 잠재력과 핵심 사업 역량이 낮은 곳으로 분류해 철수하려 했으나, 군산 공장을 폐쇄하고 정부의 지원을 받아내는 선에서 한국지엠 철수 사태는 일단락되었다.

대주주가 마힌드라그룹인 쌍용차도 한국지엠과 비슷한 처지이다. 쌍용차는 2016년 흑자 전환에 성공했지만 이후 수년간 판매 부진이 지속되면서 경영난을 겪고 있다. 따라서 신규 투자를 위해서는 마힌드라그룹의 자금 지원이 필요한 상황이다. 그러나 2018~2019년 인도 자동차 시장이 급속도로 위축되고, 재무 상황이 악화되면서 마힌드라그룹도 구조조정을 추진하고 있다. 결국 마힌드라그룹은 올해 4월 쌍용차에 대한 2,300억 원 지원 계획을 철회했다. 르노삼성의 대주주인 르노그룹 역시 유럽에서 심각한 판매 부진을 겪고 있다.

이처럼 GM, 마힌드라그룹, 르노그룹은 자신들의 생존 여부가 더욱 중요한 상황이다. 이러한 상황 속에서 코로나19의 여파로 수출은 매우 부진했지만, 내수 판매는 양호한 흐름을 보이고 있다. 한국지엠과 르노삼성의 3월 내수 판매는 각각 전년 동기 대비 39.6%, 83.7% 증가하였고, 1분기 내수 판매 역시 각각 전년 동기 대비

14.4%, 20.1% 증가했다. 쌍용차의 경우 1분기 내수 판매는 전년 동기 대비 -35.9% 감소했다. 3월 내수 판매 역시 전년 동기 대비 -37.5% 감소했다. 다만, 3월 내수 판매가 전월 대비 34.5% 증가하며 회복을 모색하고 있다. 아이러니하게도 코로나19의 영향이 전 세계적으로 본격화되면서 한국지엠, 르노삼성, 쌍용차 등은 내수시장에 집중해서 위기를 헤쳐나가려 할 수도 있을 것이다.

수입차 시장은 전반적인 성장세 이어질 듯

2015년 폭스바겐그룹의 연비 파문 이후 인증 지연과 국제표준배출가스시험방식(WLTP) 도입으로 디젤 신차의 공급이 부진한 상황이었다. 또 국내 대법원의 강제징용 배상 판결에 불만을 품은 일본의 대 한국 수출 규제 강화 조치가 국내 소비자들의 반일 감정을 초래하면서 2019년 하반기부터 일본산 제품에 대한 불매운동이 본격화되었다. 이에 따라 고성장을 구가하던 국내 수입차 시장은 2015년 이후 성장 정체를 보이고 있다.

그러나 시장의 침체 속에서도 차별화된 성장세를 보이는 부문은 있다. 대표적으로 (국가) 스웨덴, 독일, (배기량) 2,000cc 이하, (연료)

전기차, 하이브리드차, (차종) SUV 등이 한국 시장에서 고성장하고 있는 부문들이다. 스웨덴산 차량은 볼보를 중심으로 점유율을 높이며, 2019년 4.3%를 기록했다. 독일차에 대한 국내 소비자들의 선호도가 강한 것으로 나타났고, 독일차 중에서도 메르세데스 벤츠 브랜드의 인기가 높은 것으로 보인다. 유럽산 브랜드 점유율 75.2% 중에서 메르세데스 벤츠가 42.4%를 차지하고 있다. 2019년 수입차 판매량은 2,000cc 이하 차량이 16만 3,498대로 전체의 66.8%를 차지했다. 수입차 시장에서 2,000cc 이하 차량의 비중이 2009년 29.1%에 불과했지만, 수입차 대중화 흐름을 타고 2019년 66.8%로 2배 이상 상승했다. 그 배경에는 2016년 산업통상자원부가 환경친화자동차법을 수정하면서 클린디젤 차량이 법적으로 친환경차에서 제외되었기 때문이다. 이에 따라 디젤차의 판매 비중은 줄어들고 있는 반면, 전기차, 하이브리드차의 판매는 상승하고 있다. 세단이 SUV 대비 승차감이 뛰어나다는 장점 때문에 한국의 수입차 시장에서 세단 비중이 높지만, 저유가 지속, 연비 향상, 승차감 개선 등으로 SUV를 선택하는 소비자들이 늘어나고 있다. 국내 수입차 SUV 비중은 2009년 18.6%에서 2019년 35.5%로 약 2배 상승했다. (그림 2)

이처럼 국내 수입차 시장은 2019년까지는 전반적인 성장 정체 속

그림 2 **국내 수입차 시장 동향**

(만 대)

2020년

성장 정체

20만 대 돌파

연평균 23.2%

연평균 23.4%

10만 대 돌파

1만 대 돌파

'01 '03 '05 '07 '09 '11 '13 '15 '17 '19

자료: 한국수입차협회, 하나금융경영연구소 전망

에 차별화된 성장세를 보였다. 그러나 2020년 코로나19 사태 이후 글로벌 완성차 업체들은 중국 시장 침체, 미국과 유럽 공장 생산 차질 등으로 코로나19 영향이 적은 한국 시장으로 판매 물량을 늘리고 있다. 또 국내 수입차의 인증 지연이 해소되고 있고, 개별소비세 인하라는 세제 혜택 등 우호적인 판매 환경이 조성되고 있다. 따라서 2015년 이후 성장 정체 속에 부문별 차별화된 성장세를 보이던 수입차 시장은 코로나19 이후 전술한 부문들을 중심으로 시장 전반적인 성장세가 이어질 전망이다.

디지털과 비대면 기반으로 한 변화 가속화될 전망

코로나19 사태가 재난 위기를 넘어 경제 위기로 전이되고 있다. 안전에 대한 욕망, 사회적 거리 두기 등이 디지털(digital)과 비대면(untact)과 관련한 4차 산업혁명을 가속화시킬 것으로 예상된다. 자동차 산업은 CAR(Connected, Autonomous, Restructuring)로의 변화가 진행될 것으로 보인다.

미래 자동차는 단순한 이동 수단에서 벗어나 네트워크에 연결되어 다양한 서비스를 제공하는 커넥티드(Connected) 카로의 기술적 발전을 따라갈 전망이다. 2018년 도요타는 세계 최대 가전 전시회 CES에서 자율주행 전기차 이팔레트(e-Pallete)를 처음 공개했다. 도요타는 이팔레트에 대해 "커넥티드, 전기차, 자율주행 기술을 활용한 새로운 이동 서비스 플랫폼"이라고 했다. 도요타는 이러한 이동 서비스 플랫폼 구축을 위해 우버, 피자헛, 디디추싱 등과 함께 이팔레트 얼라이언스를 결성하는 데 참여했다. 이팔레트는 카셰어링, 라이드셰어링 같은 일반적인 역할뿐만 아니라 이동형 병원, 상점, 연구소, 이동형 호텔 비즈니스 모색이 가능할 것으로 예상된다.

그리고 2020년 소니도 CES에서 전기차 비전-S를 공개했다. 고도의 기술력을 앞세워 세계 이미지센서 점유율 과반을 차지한 소니는 커넥티드 차량으로 변화하고 있는 미래 모빌리티 영역에서 새로운 수익 창출을 모색하고 있다. 이미지 센서가 자율주행차 시대를 앞당기게 되면, 차량 내 엔터테인먼트 사업에 대한 관심이 고조될 것으로 예상된다. 무인 자율주행 시대가 도래하면 게임, 음악, 영화 등 엔터테인먼트와 관련해 우수한 역량을 보유한 소니의 수익력이 대폭 제고될 가능성이 있다.

그리고 이번 코로나 사태로 인해 자율주행(Autonomous) 기술을 활용한 자동차와 로봇의 도입 및 활용이 더욱 가속화될 것으로 예상된다. 코로나19가 절대 사라지지 않는다는 전제하에 안전에 대한 욕구와 언택트 이동에 대한 필요성이 증가할 것이다. 독감, 감기와 같은 계절적 감염병 위험에 직면하게 되면서 안전한 물리적 이동에 대한 서비스 수요가 늘어날 것으로 예상된다. 무인 자율주행 자동차와 로봇은 사람 간 접촉을 최소화하여 검체 수송, 병원 소독, 배송 업무 등을 수행할 수 있다. 미국 미네소타주에 소재한 메이오클리닉(Mayo Clinic)은 코로나19 검체를 수송하는 자율주행 셔틀을 도입했다. 덴마크 블루오션 로보틱스(Blue Ocean Robotics)에서 개발한

UVD 로봇(UV Disinfection Robots)은 중국 현지 병원에 수출되어 병실을 소독하고 있다. 또 미국 뉴로(Nuro)에서 개발한 자율주행 배송 로봇 R2는 병원 의료진에게 음식료, 의료용품 등 각종 물자를 배송하고 있다.

또한 코로나 사태가 장기화되면 자동차 산업은 본격적인 구조조정(Restructuring) 시대에 직면할 것으로 예상된다. 코로나19의 조기 종식이 어려운 상황 속에서 글로벌 자동차 수요가 코로나19 이전 수준을 회복하기까지는 상당한 시간이 소요될 것으로 보인다. 코로나19 이전부터 자동차 업계는 미래 대비와 수익성 개선에 대한 고민으로 구조조정을 진행 중이었다. 코로나19에 따른 글로벌 공급망 붕괴, 외출 자제에 따른 소비 심리 위축은 자동차 업체의 실적 악화와 유동성 위기를 촉발할 가능성이 높다. 2008년 금융위기가 전 세계로 확산되며 미국과 유럽 중심으로 수요가 급격하게 하락했을 때도 GM, 크라이슬러, 포드 등 많은 기업이 매출 확대와 수익성 강화를 위해 임금 동결, 각종 경비 절감, 원가 절감 등의 노력을 기울였지만, 가동률 하락에 따른 고정비 부담과 수요 감소에 따른 재고 부담 등을 견디지 못하고 구조조정에 들어갔었다.

결과적으로 자동차 산업은 코로나19 사태 장기화 시 험난한 구조 조정 시기를 통과한 후 자율주행·커넥티드 카로의 급격한 경제·사회 변화의 시기를 맞이할 것으로 생각된다.

미래를 위한 투자 필요

코로나19 이후 자동차 업계는 유동성 관리, 수익성 위주의 영업, 연구개발 투자 등에 주력할 것으로 예상된다.

금년 2분기 이후, 코로나19에 따른 실적 악화와 유동성 위기에 몰린 기업들이 나타날 가능성이 높다. 따라서 자동차 업계는 유동성 관리와 수익성 위주의 사업 전략이 필요할 것이다. 그리고 코로나발 뉴노멀 시대에 미래 모빌리티 산업을 선도하기 위해서 지능형·친환경차 분야에 대한 집중적인 투자가 필요할 것으로 생각된다. 2019년 12월 현대/기아차는 「2025 전략」을 선포했다. 이러한 전략을 실행하여 지능형 모빌리티 제품과 지능형 모빌리티 서비스의 2대 사업 구조로 전환해 각 사업 경쟁력 제고 및 상호 시너지 극대화를 통해 2025년 글로벌 배터리 전기차/수소전기차 시장에서 글로벌 3대 메이커로 도약하는 것이 목표이다. 또 PAV(Personal Air Vehicle), UAM(Urban Air Mobility), 로보틱스 등 플랫폼 서비스 사업

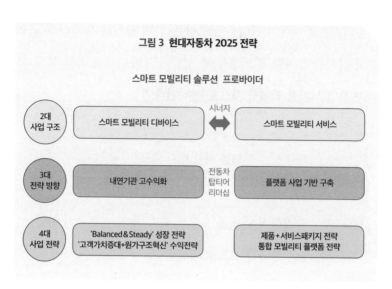

그림 3 현대자동차 2025 전략

스마트 모빌리티 솔루션 프로바이더

2대 사업 구조	스마트 모빌리티 디바이스	시너지	스마트 모빌리티 서비스
3대 전략 방향	내연기관 고수익화	전동차 탑티어 리더십	플랫폼 사업 기반 구축
4대 사업 전략	'Balanced&Steady' 성장 전략 '고객가치증대+원가구조혁신' 수익전략		제품+서비스패키지 전략 통합 모빌리티 플랫폼 전략

자료: 현대자동차

에서 수익 창출 기반을 구축하겠다는 것이 핵심 요지이다. (그림 3)

향후 정부도 자동차 산업 생태계를 유지하기 위해 금융 지원 확대, 소비 활성화 정책, 자동차 산업 발전 정책 등을 모색할 것으로 보인다.

정부는 일시적으로 경영난을 겪고 있는 자동차 업체들에 대한 적극적인 금융 지원과 애로사항을 해결하기 위한 노력을 지속할 것이다. 글로벌 여건 악화로 자동차 부품 공급망이 타격을 받게 되면 국내 자동차 산업의 생태계는 치명적인 내상을 입을 수밖에 없다. 앞에서 언급하였지만, 자동차 산업은 전, 후방 연관산업에 대한 파급 효과와 고용창출 효과가 큰 종합산업이다. 특히, 한국에서 자동차 산업은 국가 경제를 주도하는 제조업의 핵심 주력 산업이다. 따라서 향후 자동차 수요 절벽 대응을 위해 유동성 공급 확대, 기업 세제 지원, 구매 촉진 정책, 그리고 미래차 전환을 위한 제도 개선 등 정부의 역할이 중요해질 것으로 생각된다.

국제 유가에 울고 웃는 정유&석유화학 업계

안혜영

유가가 마이너스로 하락하는 사상 초유의 사태가 발생했다. 4월 20일 미국 뉴욕 상업거래소에서 5월 인도분 WTI 원유 선물 가격이 배럴당 -37달러로 거래를 마감한 것이다. 이는 코로나19 사태로 유가 하락 압력이 이어지는 가운데 선물 만기를 앞두고 대부분의 투자자가 차월분 상품으로 변경하는 롤오버(Roll-Over)를 선택하면서 시장 가격이 비정상적으로 왜곡되었기 때문이다. 이보다 더 큰 문제는 저유가가 언제까지 지속될지, 얼마나 더 하락할지 예측하기가 어렵다는 것이다. 유가에 대한 불확실성이 그 어느 때보다 높아진 현 상황에서는 마이너스 유가가 또다시 나타날 수도 있다.

끝없이 추락하는 국제 유가

2020년 3월 초 배럴당 50달러 내외를 기록하던 국제 유가는 OPEC+[1]의 감산 합의 실패를 시작으로 끝없이 추락하고 있다. 4월 에는 배럴당 20달러 이하로 하락하면서 18년 내 최저 수준에 도달 하였다. 이 같은 단기 유가 급락 사례는 과거 2009년 1월(전 고점 대 비 70% 하락), 2015년 1월(전 고점 대비 60% 하락)에도 나타났지만 유가 급락 배경은 각각 차이를 보이고 있다. 2009년 유가 급락은 글 로벌 금융위기에 따른 급격한 수요 위축이 원인이 되었고, 2015년 유가 급락은 미국 셰일 오일 생산 증가와 OPEC의 감산 합의 실패 등 공급 과잉에 기인했다. 그러나 이번 유가 급락의 배경은 원유 수 요 감소와 공급 증가 요인이 동시에 작용하면서 그 충격이 더 크게 나타났다. (그림 1)

수요 측면에서는 미중의 무역 분쟁 장기화에 따른 글로벌 경기침 체 우려로 이미 지난해 하반기부터 원유 수요가 위축된 데다, 코로 나19 확산으로 국가 간, 지역 간 이동이 제한되고 각국 생산이 중단

---

[1]　석유수출국기구(OPEC) 회원국과 러시아 등 10개 비회원국을 아우르는 주요 산유국 협의.

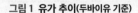
그림 1 유가 추이(두바이유 기준)

(달러/배럴)

글로벌
금융위기

美 셰일 공급 증가 &
OPEC 감산 합의 실패

美 셰일 공급 증가 &
中 수요 둔화

코로나19 확산 &
OPEC+ 감산 합의 실패

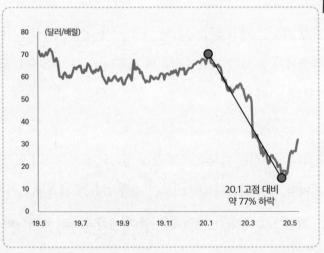

(달러/배럴)

20.1 고점 대비
약 77% 하락

자료: 페트로넷, 하나금융경영연구소

되면서 휘발유, 항공유, 경유 등 주요 석유 제품 수요가 급격히 감소했다. 공급 측면에서는 2019년부터 이어진 저유가 기조 지속에도 불구하고 미국 셰일 오일 생산 증가세가 지속되어왔다. 여기에 지난 3월 6일 OPEC+ 회의에서 제시된 추가 감산 조치가 러시아의 반대로 무산되었고, 그동안 감산을 주도해오던 OPEC의 리더 사우디까지 원유 생산량을 확대하겠다고 발표하면서 유가는 빠른 속도로 하락하기 시작한 것이다.

유가가 끝없이 추락하자 OPEC+는 긴급회의를 소집했고 주요 산유국들은 유가 급락에 대응하기 위해 5~6월 두 달간 970만b/d(barrels per day)의 감산을 시작으로 2년 동안 순차적으로 감산을 진행하기로 합의했다. 이번 감산은 그동안 OPEC+가 합의한 감산량 가운데 가장 큰 규모이며, 감산 기간도 길어 유가 안정을 위한 산유국들의 강력한 의지가 드러난 것으로 평가된다.

그러나 코로나19가 장기간 지속되면서 세계 석유 수요는 당초 예상보다 더 큰 폭으로 감소했다. 4월 기준 세계 석유 수요 감소분은 약 2,500만b/d에 달했는데 이는 전 세계 석유 수요의 25%에 달하는 규모이다. OPEC+의 역대 최대 규모의 감산 합의에도 불구하고 세계 원유 시장 공급 과잉을 해소하기는 역부족이었던 것이다. 따라서 OPEC+ 감산 합의 이후에도 유가가 추가 하락하며 저유가 상황이 이어지고 있다. 5월부터 OPEC+의 감산이 시작되었지만 현재 중국, 한국 등 일부 국가를 제외하면 코로나19의 영향권하에 있어 여전히 석유 제품의 수요 회복은 제한적인 상황으로, 유가 하락 추세는 당분간 이어질 것이다.

하반기 유가는 상승하겠지만…

다만 현재와 같은 저유가 환경에서는 생산 단가가 높은 원유 생산국들의 자연 감산도 진행되고 있어 사우디, 러시아 등 OPEC+의 원유 감산과 무관하게 원유 공급은 점진적으로 감소하게 될 것이다. 특히 세계 최대 원유 생산국으로 부상한 미국은 원유 생산 단가가 낮아졌다고 해도 여전히 사우디, 러시아 대비 높은 수준으로 현재 유가 수준에서 생산 축소가 불가피할 것이다. 이미 미국 주요 셰일 오일 생산 기업들이 재정적 어려움에 직면하면서 2020년 CAPEX를 20~55%까지 삭감(CAPEX 감소는 활동 시추기 수와 전문 인력 감소를 의미, 약 6개월 후 원유 생산 감소로 나타남)하고 있으며 이는 2020년 4/4분기부터 2021년까지 약 300만b/d의 원유 감산으로 이어질 것으로 예상된다. 미국 외에도 원유 생산 단가가 높은 캐나다, 브라질,

카자흐스탄 등을 중심으로 감산이 시작되고 있으며 저유가가 장기화될수록 이 같은 추세는 계속 확산되면서 전 세계 원유 공급량은 자연적으로 감소할 전망이다.

또한 코로나19 최초 발생국인 중국은 신규 확진자 추이가 3월을 정점으로 감소하고 있고 2분기부터 코로나19의 영향에서 벗어날 것으로 보여 석유 제품의 수요 회복이 예상된다. 이 같은 중국 상황을 미루어볼 때 유럽 및 미국 등의 신규 확진자 수도 5월을 정점으로 감소세로 전환될 가능성이 높다. 따라서 코로나19 사태로 급감했던 석유 수요는 하반기부터 회복을 기대해볼 수 있을 것이다. 다만 각국의 경제활동 재개에도 불구하고 여전히 감염병의 우려 지속으로 국가 간, 지역 간 이동이 줄어들면서 석유 수요가 코로나19 이전 수준으로 회복되기는 어려울 전망이다.

OPEC+ 감산 및 고비용 유전의 자연 감산으로 (석유) 공급이 감소한 가운데 코로나19 진정에 따른 원유 수요 회복으로 하반기 유가 역시 상승세로 전환되겠지만, 코로나19 사태 이전 수준으로 회복되기는 어려울 전망이다. 또한 올가을 코로나19의 2차 유행 가능성이 제기되면서 이에 대한 불안 심리가 높아지고 있어, 하반기 유가가 상승하더라도 배럴당 40~50달러 수준으로 과거 대비 낮은 레벨에서 움직일 가능성이 높아 보인다.

엇갈린 국내 정유업과 석유화학 산업의 전망

이 같은 저유가 상황에서, 유가에 직접 연동되는 정유업과 석유화학 산업은 다소 엇갈린 행보를 보이게 될 전망이다. 코로나19로 인해 세계 석유 제품과 석유화학 제품의 수요는 모두 감소하고 있다. 정유업의 경우 원료 및 생산 방식이 전 세계가 동일하기 때문에 석유 제품 수요 감소에 따른 부정적 영향이 전 세계 모든 정유사에 유사하게 나타나고 있다.

반면 석유화학 산업의 경우 국가별, 지역별로 투입 원료 및 생산 방식이 다양한 가운데, 국내 기업들은 원유에서 분해된 나프타를 주요 원료로 사용하는 NCC(Naphtha Cracking Center) 방식을 도입하고 있다. (참고로 석유화학 제품 생산을 위해 미국은 셰일 가스에서 에틸렌을 추출하는 ECC(Ethane Cracking Center) 방식을, 중국은 석탄을 기반으로 한 CTO(Coal to Olefin) 방식을 적용하고 있다.) 따라서 세계 석유화학 수요가 감소하더라도, 저유가 상황에서는 원유 기반의 나프타를 원료로 사용하는 국내 기업의 석유화학 제품이 셰일 가스나 석탄 기반 제품 대비 높은 원가 경쟁력을 확보할 수 있으므로 유리한 상황이다.

또한 코로나19 이후에도 지역 간, 국가 간 이동은 과거 대비 대폭 줄어들 수밖에 없어 석유 제품 소비는 과거 수준으로 회복되기 어려울 것이다. 그러나 코로나19 이후 세계 각국은 경기 부양을 위해 경제활동을 빠르게 재개할 것이다. 따라서 석유화학 산업의 주요 전방 산업의 가동률이 상승하고 주요 석유화학 제품의 수요는 점진적으로 회복될 전망이다. 이 경우 저유가 속에서 원가 경쟁력을 확보한 국내 기업의 석유화학 제품 수요가 더 큰 폭으로 증가할 수 있어 제한적이나마 석유화학 업황 회복으로 이어질 수도 있을 것이다.

정유업: 이런 위기는 처음이다

정유사들은 원유를 수입해 휘발유, 경유, 항공유, 나프타 등의 석유 제품으로 만들어 판매하는 사업을 영위하고 있다. 따라서 유가가 하락할 경우 원유 도입 단가가 낮아지면서 원재료 비용 절감 효과가 나타나며, 재고 비축을 위한 석유 제품 수요가 증가하게 된다. 따라서 통상적으로 유가 하락은 정유사에게는 긍정적 요인으로 평가되고 있다.

그러나 정유사 입장에서 저유가 상황이 무조건 반가울 수만은 없다. 정유사들이 원유 도입에서 제품 생산 및 판매까지 하는 데는

1~2개월의 시차가 존재한다. 따라서 유가가 급락할 경우 높은 가격에 구입한 원유 재고 가치가 하락하게 된다. 일반적인 경우 유가는 수개월 내 다시 상승하게 되어 원유 가치가 다시 회복되지만 저유가가 장기간 지속될 경우 정유사는 재고 관련 손실을 회복하기가 어려워진다. 또한 경기침체 등에 따른 석유 제품 수요 감소가 유가 하락으로 이어진 경우에는 저유가 상황에서도 정유사의 마진이 축소되거나 역마진이 발생할 수 있다. 이번 유가 급락의 주요 원인이 코로나19 확산에 따른 석유 제품 수요 감소이며, 저유가 상황이 장기 국면으로 접어들 가능성이 높은 만큼, 이번 저유가를 둘러싼 대내외 환경은 정유사에게 결코 우호적이지 않아 보인다.

2019년 중국을 중심으로 정제 설비 신증설이 확대되면서 아시아 지역의 석유 제품 공급 물량이 가파르게 증가했다. 반면 세계경기 하강으로 석유 수요 증가세가 높았던 중국과 인도를 비롯한 신흥국의 석유 제품 수요가 둔화되면서 글로벌 석유 수급 상황은 이미 악화되고 있었다. 여기에 2020년 1월 중국에서 시작된 코로나19가 전 세계적으로 확산되면서 국가 간, 지역 간 이동이 제한되고 각국의 생산이 중단되는 전대미문의 사태가 발생했다. 이로 인해 1/4분기 글로벌 석유 수요는 지난해 말 대비 약 20% 감소하였고 정유업계의 수급 불균형은 더욱 악화되고 있다. 지난해 4/4분기 27만b/d에 불과했던 세계 석유 초과 공급량은 2020년 1/4분기에 601만b/d 로 상승한 데 이어, 2/4분기에는 1,000만b/d 이상까지 확대된 것으로 보인다. (그림 2)

상황이 이렇다 보니 정유사들은 석유 제품을 생산하더라도 이를 팔 수 있는 곳이 줄어들었고, 생산한 석유 제품을 저장할 공간도 부족해 재고 비용까지 떠안고 있다. 여기에 장치산업 특성상 공장을 멈췄다 재가동하는 과정에서 막대한 비용이 투입되기 때문에 가동

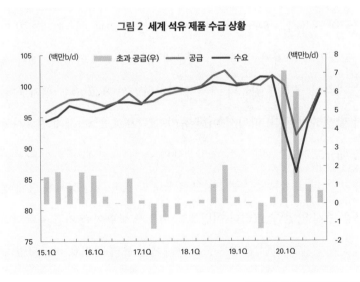

그림 2 세계 석유 제품 수급 상황

자료: EIA, 하나금융경영연구소 전망

을 중단할 수도 없어 재고가 쌓이더라도 '울며 겨자 먹기' 식으로 정유 공장 가동을 이어오고 있는 것이다.

초저유가 장기화: 높은 가격에 도입한 원유의 가치가 하락

지난 3월 초부터 하락한 유가가 4월 중순에는 2000년 이후 최저 수준인 배럴당 20달러 내외로 급락했으나, 코로나19 여파로 감소한 석유 수요가 단기간 내 회복되기는 어려운 상황이므로 저유가 상황이 장기간 이어질 가능성이 높아 보인다.

국내 정유사는 원유를 수입하여 정제한 뒤 판매하는 과정까지 약 1~2개월의 시차가 발생하기 때문에 유가가 급락할 경우 과거 높은 가격에 구입한 원유의 가치가 하락하면서 재고 자산 평가 손실이 발생하게 된다. 따라서 이번 유가 급락으로 인해 국내 정유사들은 대규모 재고 관련 손실이 발생했다. 보통 재고 관련 손실은 유가 상승 시 바로 회복되는 구조이므로 그동안 정유사의 실적에 크게 영향을 주지 않았다. 그러나 이번에는 저유가 상황이 장기간 지속되면서 1분기 재고 관련 손실은 고스란히 정유사의 적자로 반영되었다. 1/4분기 국내 정유 4개사의 재고 관련 손실은 3조 원을 넘어섰다.

국내 정유업은 이미 2019년부터 글로벌 정제 설비 증설과 석유 수요 위축으로 수익성 악화가 심화된 상태다. 경기가 저점에 진입하며 이미 체력이 크게 약화된 상황이므로 이와 같은 코로나발 충격은 더 크게 다가오고 있다.

마이너스 정제마진 지속 중, 팔수록 손실 폭 확대

정제마진은 휘발유와 경유 등 석유 제품의 판매 가격에서 원유 구매 비용과 수송비 등 각종 비용을 제외한 금액으로, 정유사의 수익 창출 능력을 보여주는 주요 지표이다. 정유사별 실제 정제마진은 원유 도입 가격 등 원가 경쟁력, 설비 효율성, 고도화 비율 제품 믹스 등의 요소에 따라 차별화되지만, 대부분 시장의 평균 정제마진을 나타내는 싱가포르 복합정제마진에 연동되고 있다.

싱가포르 복합정제마진은 이미 지난해 말부터 아시아 지역 석유 제품 공급 과잉이 심화되면서 손익분기점(배럴당 4~5달러 내외)을 하회했다. 여기에 2020년 1/4분기에는 코로나19 여파로 휘발유, 항공유 등 주요 제품의 수요가 급감하고 가격이 큰 폭으로 하락하면서

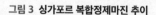

그림 3 싱가포르 복합정제마진 추이

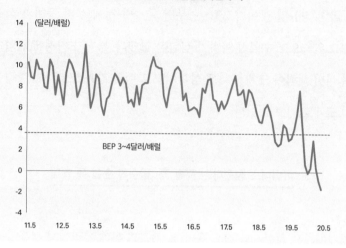

자료: 페트로넷

정제마진은 더 큰 폭으로 악화되고 있다. 특히 1/4분기에는 유가 급
락 전 높은 가격에 구입한 원유가 국내 정유사의 석유 제품 생산에
투입됨에 따라 가격 하락 폭이 큰 석유 제품의 경우 역마진이 발생
하기도 했다. 이에 따라 싱가포르 복합정제마진은 2020년 3월 셋째
주부터 5월 현재까지 8주 연속 마이너스를 이어오고 있어 석유 제
품을 만들어 팔수록 손실이 확대되고 있는 상황이다. (그림 3)

1/4분기 사상 최대 규모의 적자 발생

코로나19 확산에 따른 수요 감소와 유가 급락에 따른 석유 제품의 재고 관련 손실 발생, 정제마진 하락의 삼중고가 지속되면서 1/4분기 정유사의 실적 악화 우려가 현실화되었다. 1/4분기 정유 4개사의 합산 영업적자 규모가 4조 3,775억 원에 달하면서 사상 최대 규모의 적자를 기록했다. 지난해 정유 4개사의 연간 합산 영업이익이 3.1조 원 수준임을 감안할 때 올해 1분기 만에 지난해 영업이익을 넘어서는 손실이 발생한 것이다.

2/4분기 들어 국내 정유사들은 정제 설비 가동률의 추가 하향 조정, 정기보수 등을 통해 업황 저하에 대응하고 있다. 4~5월 원유 도입 가격이 이전 대비 하락한 점은 수익성 측면에서 긍정적으로 작용할 것으로 보인다. 또한 국내에서 5월부터 '사회적 거리 두기'가 '생활 속 거리 두기'로 전환되면서 점진적으로 석유 내수는 회복이 예상된다. 다만 2/4분기에도 실적 개선 효과는 제한적일 전망이다. 미국, 유럽 등으로 코로나19의 글로벌 확산이 본격화된 2020년 3월 이후부터 현재까지 석유 제품 수요가 급감하고 재고 부담이 확대되면서 5월 현재까지 싱가포르 복합정제마진이 마이너스를 기록하고

있기 때문이다.

국내 정유업계는 지난 2~3년간 사업 다각화와 경쟁력 강화를 위한 대규모 투자를 단행해오면서 재무 부담이 확대되어왔다. 여기에 최근 코로나19 사태로 역대 최악의 실적을 기록하며 수익 창출 능력도 급격히 저하되고 있어 유동성이 빠르게 악화되고 있다. 하반기에도 기 예정된 투자 관련 자금 지출이 지속되는 가운데 영업실적 저하로 수익 창출이 약화됨에 따라 재무 부담은 크게 확대될 것으로 보인다. 이에 따라 2017년 1.5배 수준에 불과했던 정유 4개사의 수

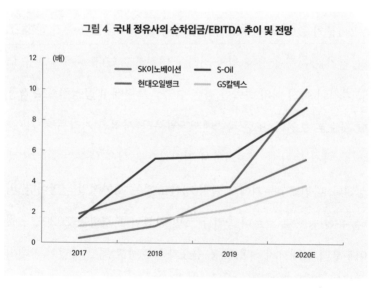

그림 4 국내 정유사의 순차입금/EBITDA 추이 및 전망

자료: Kis-Value

익 창출 능력 대비 차입금 부담(순차입금/EBITDA)은 2019년 4.2배까지 확대된 데 이어 2020년에는 7~8배까지 확대될 것으로 예상된다. (그림 4) 이처럼 정유사의 상황이 악화되자 국내외 신용평가사들은 국내 정유사들의 신용 등급 전망을 하향 조정하고 있다. 전례 없는 위기에 정유사들은 정부에 유동성 지원을 요청했지만, 정부는 고용 유발 효과가 큰 업종을 중심으로 유동성 지원 대상 업종을 선정하고 있어 정유업은 배제되고 있다. 이에 정유사들은 회사채 발행에 이어 기업어음(CP) 발행 규모까지 확대하며 전방위 자금 조달에 나서고 있다. 그러나 정유사들의 신용 등급 전망이 하향 조정되고 있는 만큼 향후 자금 조달 여건은 더욱 악화될 것으로 보인다.

정유사들은 정유업 환경 변화에 적극 대응해야

정유사들은 처음 경험하는 위기에 대응하기 위해 단기적으로는 가동률 조절과 정기 보수 일정을 앞당겨 생산량을 최소화하는 방식으로 공급 과잉에 따른 충격을 완화해나가고 있다. 아울러 중장기적으로는 코로나19 이후 정유업 환경 변화에 대응하기 위한 방안을 모색해야 할 것이다. 현재 국내 정유업체들의 사업 환경이 앞으로도 우호적이지 않기 때문이다.

코로나19가 안정된 후에도 중국의 대규모 정제 설비 투자와 원유를 기반으로 한 중동의 증설이 기다리고 있다. 한국은 그동안 누려왔던 역내 석유 제품의 주요 공급자로서의 지위가 점차 약해질 것이다. 또한 전대미문의 전염병이 전 세계를 휩쓸고 지나간 만큼 코로나19 이후에도 국가 간, 지역 간 이동은 과거 대비 대폭 줄어들 수밖에 없어 석유 제품 수요는 코로나19 이전만큼 회복되기 어려울 것이다. 따라서 정유사들은 향후 예정된 정제 설비 투자 규모를 조정하고, 비경제적 설비는 폐쇄하는 등 경제성 높은 고도화 시설 위주로 생산 방식을 변경하는 방식으로 대응해나갈 것이다.

또한 이번 코로나19 사태를 통해 그동안 국내 정유사를 지탱해왔던 사업 구조, 즉 원유를 정제해 휘발유와 항공유 등을 생산하는 '정유 부문'과 추가 가공을 통해 석유화학 제품 등을 생산하는 '비정유 부문'의 한계가 드러났다. 따라서 국내 정유사들은 대외 변수에 민감한 정유사업 부문의 변동성을 줄이기 위해 배터리 등 신사업으로 영역을 확장하며 포트폴리오 다변화를 가속화해나갈 전망이다.

석유화학: 과거의 영광을 재현할 수 있을까?

지난 3년간(2015~2018년) 슈퍼사이클을 경험했던 석유화학 산업은 글로벌 증설 확대와 경기 둔화에 따른 수요 위축으로 수익성 악화가 심화되면서 2019년 경기침체 국면에 진입하게 되었다. 여기에 2020년 초 중국으로부터 시작된 코로나19가 전 세계로 확산되고 주요국의 생산이 중단되면서 주요 산업에 중간재로 이용되는 석유화학 제품의 수요가 급감하고 있다. 전 세계 코로나 확산에 따른 영향이 반영된 4월 국내 석유화학 제품의 수출은 전년 동기 대비 33.6% 감소한 것으로 나타났다. 유가 하락에 따른 가격 약세 효과를 감안하더라도 감소 폭은 큰 편이다.

일반적으로 석유화학 수요가 안정적으로 유지되는 상황에서의 유가 하락은 한국과 같이 석유 제품인 나프타를 원료로 사용하는 NCC 업체들에는 긍정적 영향을 주게 된다. 에탄 가스 및 석탄을 원료로 하는 미국과 중국의 경쟁 설비 대비 원가 경쟁력이 상승하기 때문이다. 실제 지난 2014~2015년 셰일혁명 이후 산유국의 치킨게임으로 국제 유가가 급락하자 국내 NCC의 원가 경쟁력은 빠르게 개선되었다. (그림 5) 여기에 중국 및 아시아 신흥국을 중심으로 석유화학 제품의 수요가 증가하면서 국내 석유화학 산업의 수익성이 상승하기 시작했고, 이는 지난 석유화학 경기 호황기로 이어졌다.

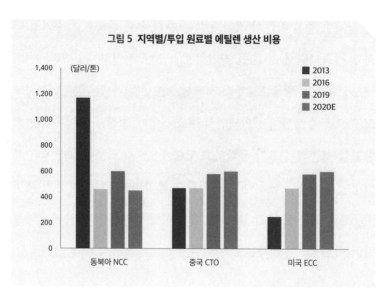

그림 5 지역별/투입 원료별 에틸렌 생산 비용

자료: 한국석유화학협회, 하나금융경영연구소

그러나 현재 상황은 그때와 다르다. 이미 석유화학 공급 과잉이 심화된 가운데, 코로나19 여파로 전 세계 석유화학 수요는 큰 폭으로 감소하고 있다. 저유가로 인해 석유화학 원재료 가격이 낮아졌지만 수요 감소로 주요 석유화학 제품 가격 역시 하락하고 있어 본격적인 실적 개선으로 이어지지 못하는 상황이다. 또한 유가 급락 전에 구입한 고가의 원재료가 석유화학 제품에 투입되는 경우도 있어 석유화학 산업의 수익성은 여전히 부진한 상황이다.

석유화학 수요 회복되어도 호황기로 돌아가기는 어렵다

하반기 코로나19 사태가 진정되고 각국의 경제활동이 재개된다면, 그동안 산업 생산활동 축소로 위축되었던 석유화학 수요는 점진적으로 회복될 것이다. 이 경우 저유가 환경 속에서 미국 ECC(에탄가스 원료)와 중국 CTO(석탄 원료) 공정 대비 가격경쟁력을 확보한 국내 NCC(나프타 원료) 기반 석유화학 제품의 수요가 상대적으로 더 큰 폭으로 증가하게 될 것이다. 저유가 지속에 따른 미국 셰일 생산 감소로 에탄 가격이 상승할 가능성이 높으며 환경 규제에 따른 중국 석탄 가격 강세로 국내 NCC 경쟁력이 더욱 강화될 것으로 기대되기 때문이다. 또한 저유가가 지속되면서 신규 예정된 미국의 ECC 설비의 증설이 지연되거나 취소될 수 있어 2020년 우려했던 석유화학 증설에 따른 공급 부담은 다소 완화될 것이다.

그러나 코로나19 사태가 진정되고 경제활동이 재개되더라도 석유화학 제품 수요가 코로나19 이전으로 돌아가기는 어려울 것이다. 국지적으로 예상치 못한 집단감염이 나타날 수 있고, 올가을 코로나19 재유행 가능성도 제기되고 있기 때문이다.

또한 국내 석유화학 수요에 가장 큰 영향을 주는 중국의 성장 방향이 기존 양적 성장에서 질적 성장으로 변화하고 있어 석유화학 수요 증가세는 과거 대비 둔화될 가능성이 높다. 또한 저유가 지속으로 ECC 설비 증설 지연 및 취소로 신증설 부담은 완화되겠지만, 2020~2021년 예정된 신증설 중 약 60%가 석유 원료 기반의 NCC 설비임을 감안할 때 석유화학 수급 개선 효과는 제한적일 것이다.

결과적으로 하반기 국내 석유화학 산업은 경기 저점에서 회복 국면으로 반등하게 되겠지만, 대내외 환경을 고려할 때 경기 호황기로 이어지기보다는 현재 공급 과잉 완화에 만족하는 수준에 그칠 것으로 보인다.

포스트 코로나에 대응하기 위해 사업 다각화 필요

코로나19로 저유가 상황이 장기화될 경우, 석유화학 산업의 가격경쟁력은 구조적으로 개선될 수 있다. 그러나 대내외 환경 변화, 중국의 증설 확대 등에 따른 역내 공급 과잉 상황 등을 감안할 때 과거 수준의 호황기를 다시 맞이할 수는 없을 것이다.

국내 석유화학 기업들이 포스트 코로나 시대에 대응하고 장기적으로 경쟁력을 확보하기 위해서는 범용 제품에 치우친 기존 사업 구조에서 벗어나 사업 포트폴리오를 다각화하기 위한 시도가 필요하다. 국내 석유화학 기업들은 2015~2018년 슈퍼사이클을 지나며 막대한 이익을 축적할 수 있었고 이로 인해 비교적 안정적인 재무구조를 지니고 있는 만큼 투자 여력은 충분한 상황이다. 따라서 각 기업들은 자사가 영위하는 기존 사업과 연계할 수 있고, 향후 새롭게 부상할 수 있는 신사업 부문을 찾아 선제적인 투자에 나서야 한다.

최근 코로나19로 인해 폭발적인 성장세를 보이는 위생 관련 화학제품 시장도 기업의 기회가 될 수 있을 것이다. 코로나19 확산 이후 의료용 장갑인 니트릴 장갑의 원재료로 사용되는 라텍스, 마스크에 사용되는 PP(Polypropylene) 부직포와 스판덱스, 손세정제 원료인 IPA(Isopropyl alcohol) 등의 수요가 급증하고 있다. 현재 위생 관련 화학 제품이 전체 석유화학 시장에서 차지하는 비중이 크지 않지만 앞으로 코로나19가 재확산될 가능성이 높고 완전한 종식이 불투명한 만큼, 장기적 관점에서 보면 위생 관련 화학 제품 시장은 지속적으로 확대될 전망이다. 따라서 기존에 관련 기초 제품을 생산해오던 기업의 경우 상대적으로 위생 관련 화학 제품 시장 진출이 유리할 것이다.

또한 대외 변수에 따른 변동성을 최소화하기 위해 기존의 범용 화학 사업 부문에서 저수익 사업은 과감하게 철수하는 한편, 유지할 경우에는 타사와의 합작 또는 M&A를 통해 원료부터 최종 제품까지 통합 생산·관리하는 체계를 구축하여 효율성을 극대화하는 전략이 필요하다. 이와 동시에 배터리, 첨단 소재, 고부가 스페셜티 제품 등 화학 제품이 핵심 소재로 사용되는 비화학 신사업 추진을 통해 석유화학 사업에 대한 의존도를 축소하고 사업을 다각화할 필요도 있을 것이다.

직격탄 맞은 항공업과 해운업의 미래는?

마지황

2020년 2월 A씨의 어머니는 싱가포르에 사는 딸네 집을 방문할 계획이었다. 하지만 코로나19 발생으로 상황이 악화되자 사태가 진정되면 다시 방문하기로 계획을 수정하였다. 하지만 2020년 6월 현재, 아직도 싱가포르 방문 일정을 잡지 못하고 있다.

한편, 세계 최대 컨테이너선사인 덴마크 머스크(Maersk)의 CEO는 올해 2분기 전 세계 컨테이너 물동량이 전년 동기 대비 20~25% 감소할 것 같다고 경고했다. 또한 코로나19에 따른 불확실성 증대로 올해 자사의 실적 전망치를 내놓기가 어렵다고 털어놓았다. 코로나19에 따른 리쇼어링 강화 움직임, 보호무역주의 득세 등으로 해운사 CEO의 머릿속은 복잡하기만 하다.

큰 변화 맞이할 운송업의 미래

운송업은 화물 또는 여객의 운송을 목적으로 하는 산업이며, 운송 장소에 따라 육상운송업, 항공운송업 및 해상운송업으로 구분된다. 육상운송업은 도로를 통하여 화물을 문전에서 문전까지 적기에 운송하여 물품 유통을 원활하게 하는 산업으로 택배가 대표적이다. 항공운송업은 항공기를 이용하여 정기 또는 부정기로 여객, 화물 및 우편물을 수송하는 산업으로 항공기 구입에 대규모 자금이 소요되는 자본집약적 산업이자 운항과 관련해 많은 인력이 요구되는 노동집약적 산업이다. 마지막으로 해상운송업은 선박을 이용해 화물 또는 여객을 수송하는 산업으로 선박 구입에 대규모 자본이 소요되고, 운임 및 선가 변동이 큰 것이 특징이다. 이 장에서는 코로나19로 큰 변화가 예상되는 항공운송업 및 해상운송업에 대해 논의해보고자 한다.

항공운송업: 저비용 항공사 확대로 외형 증가

전 세계 및 국내 항공 시장은 인구 증가, 소득 증가, 도시화 등으로 과거 꾸준히 성장했으며, 특히 저비용 항공사(LCC: Low Cost Carrier)

의 등장은 최근 항공 여객 수 증가에 결정적인 역할을 했다. 저비용 항공사란 저비용 구조의 낮은 운임을 제공하는 항공사를 말하며, 미국의 퍼시픽 사우스웨스트(Pacific Southwest Airlines)에 의해 처음 고안되었다. 국내에서는 제주항공이 저비용 항공사 최초로 면허를 획득하여 2006년 6월 처음으로 취항했다. 저비용 항공사는 유통, 상품, 설계 및 운영 등에서 대형 항공사 대비 약 35~50%의 비용 절감을 통해 운임을 낮게 책정함으로써 고객을 유인, 폭발적인 신규 항공 수요를 창출했다. 이로 인해 국내의 국제선 항공 여객 수는 2010년 4,006만 명에서 2019년 9,039만 명으로 9년 동안 2배 넘

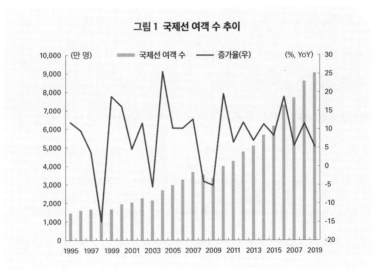

그림 1 국제선 여객 수 추이

자료: 국토교통부

게 증가했다. (그림 1)

　이러한 저비용 항공사의 성장으로 2019년 기준 국내 저비용 항공사의 시장 점유율은 국내선은 57.8%에 달했고, 국제선 또한 29.5%(참고로 2015년에는 14.6%에 불과했다)에 육박한다. 한편 국제선 전체 지역별 점유율을 보면, 아시아(일본 및 중국 제외)가 약 40%로 가장 많았으며, 그 뒤로 일본 21%, 중국 20%, 유럽 7%, 미주 6%, 대양주 4%, 기타 1% 순으로 나타났다. 이처럼 아시아 지역의 여객 비중이 높은 것은 저비용 항공사가 주로 취항하는 동남아, 일본 등 단거리 노선의 여행객이 증가했기 때문인 것으로 분석된다.

　그렇다면 국내 항공사별 국제선 시장 점유율은 어떨까? 우선 국내 항공사는 2019년 12월 기준 총 9개가 있으며, 이 중 대한항공과 아시아나항공을 제외한 7개는 모두 저비용 항공사이다. 2019년 기준 국제선 시장 점유율을 보면, 국적 항공사와 외항사의 시장 점유율은 각각 67%와 33%였으며, 국적 항공사 중에는 대한항공의 시장 점유율이 22%로 가장 높았다. 그 뒤로는 아시아나항공 15%, 제주항공 9%, 진에어 6%, 티웨이항공 5%, 에어부산 4%, 이스타항공 3%, 에어서울 2%, 플라이강원 0%(2019년 12월 처음 취항) 순이었다.

코로나19로 업계는 엄청난 타격

항공운송업은 코로나19 사태에 가장 큰 영향을 받았다 해도 과언이 아닐 만큼 심각한 타격을 입었다. 2020년 4월 초 기준 전 세계 항공기 운항 편수는 3개월 전인 1월 초 대비 약 80% 감소했으며, 3월 국내 항공 여객 수(국내 및 국제선 합계)는 전년 동월 대비 82.8% 급감한 약 174만 명을 기록했다(1997년 통계 작성 이래 최저치). 이러한 항공 수요 침체로 항공기 시장 가격 및 리스료는 하락했으며, 전 세계 많은 항공사가 리스료 단기(2~3개월) 유예를 요청하기에 이르렀다.

국내 항공사들 또한 항공 수요 급감으로 인해 구조조정이 이루어지고 있는 상황이다. 국내 최대 항공사인 대한항공의 경우 외국인 조종사 무급 휴가, 직원 약 70% 6개월간 순환 휴직, 부지 매각 등의 자구 노력을 기울이고 있으며, 이스타항공은 전체 직원의 약 20%를 줄이기로 한 바 있다. 이 외에도 국내 대부분의 항공사에서 유급 또는 무급 휴직, 임원 급여 반납 등 자구 노력을 기울였다. 정부는 이러한 항공업계의 어려움에 저비용 항공사 대상 긴급 융자, 주요 공항 시설 사용료 감면, 항공권 선구매 등의 지원 대책을 통해 업계를 지원 중이나, 수요 감소 폭이 워낙 크고 불확실성이 높아 업계의 존폐마저 위협받고 있다.

항공 수요 회복 전망은?

코로나19 이후 항공 여객 수요는 어떠할까? 이에 대한 힌트를 얻으려면 과거 유사한 위기 상황 뒤에 항공 여객 수요가 어떠했는지 봐야 한다. 1995년부터 2019년까지 국제선 여객 수(한국 기준)가 감소했던 시기는 1998년(IMF), 2003년(사스 사태), 2008~2009년(글로벌 금융위기) 3번뿐이었으며, 일시적 수요 감소는 충격 이후 빠르게 회복되는 특징을 보였다. 사스 사태 당시를 구체적으로 보면, 사스 사태는 2002년 11월에서 2003년 7월까지 약 9개월간 진행되었으며, 항공 여객 수요는 2003년 4~5월 가장 크게 하락한 이후 9월부터 회복(전년 동월 대비 증가)되었다.

이를 통해 유추해볼 때 항공 여객 수요는 코로나19가 올해 안에 완전히 종식된다는 전제하에서는 빠르게 회복될 수 있을 것이다. 하지만 문제는 이번 코로나19가 백신이나 치료제가 나오기 전까지 전 세계적으로 완전히 종식되기 어려워 보인다는 점이다. 또 하나의 문제는 과거 위기와는 달리 실물경제 전반에 미치는 악영향이 너무 커서 소득 감소 등에 따른 항공 여객 수요 위축이 발생할 수 있다는 점이다. 이러한 두 가지 점을 고려해볼 때 이번에는 항공 여객 수요가 빠르게 회복되기 쉽지 않아 보이며, 회복된다 할지라도 회복의 높이는 과거보다 낮을 것으로 예상된다. 국제항공운송협회(IATA)에서도 전 세계 항공 여객 수요는 2023년까지는 2019년 수준을 넘어서지 못할 것으로 전망한 바 있다.

항공업 시장은 빠르게 재편될 것

사실 전 세계 항공업계는 코로나19 이전에도 경쟁 심화로 수익성이 악화되고 있었다. 글로벌 항공사 합산 영업 이익률(매출액에 대한 영업 이익의 비율을 나타낸 것으로 대표적인 기업의 수익성 지표)은 운임 하락 및 비용 상승으로 2016년 8.5%에서 매년 지속적으로 하락하여 2019년에는 5.1%를 기록했다. 항공사 운임은 저비용 항공사 확대에 따른 견고한 여객 수요 증가에도 불구하고, 경쟁 심화로 2012년 이후 매년 하락하는 모습을 보였다. 비용 역시 항공시장 급성장에 따른 관련 산업 공급자(제조사, 정비사, 공항, 기내식 등)의 시장지배력 증가와 인건비 상승 등으로 꾸준히 증가했다. (그림 2)

이러한 경쟁 심화에 따른 항공사 수익성 하락으로 코로나19 이전에 이미 전 세계에서 다수의 항공사가 파산하는 등 구조 재편이 진행되고 있었다. 2018~2019년 전 세계에서 약 40개의 항공사가 파산했으며, 2019년 유럽에서만 영국 토마스 쿡 항공, 프랑스 에이글

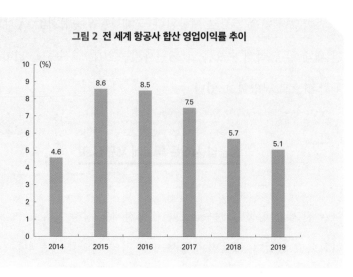

그림 2 전 세계 항공사 합산 영업이익률 추이

자료: IATA

아주르, 슬로베니아 아드리아항공 등 7개 항공사가 파산했다. 이러한 항공사 파산은 코로나19가 아니더라도 계속 늘어날 수밖에 없었는데, 그 이유는 항공사 전체 이익의 대부분을 상위 항공사가 차지하고 있었기 때문이다.

국내 항공업계의 경쟁 상황은 어떨까? 국내 대형 항공사는 대한항공과 아시아나항공 단 2개 업체이지만, 저비용 항공사는 무려 9개 업체나 된다(앞서 언급한 국내 저비용 항공사 업체는 7개이지만, 2019년 신규 항공 면허를 발급받은 에어로케이와 에어프레미아까지 포함하면 9개 업체). 미국과 일본의 저비용 항공사 업체 수가 각각 9개와 8개인 점을 감안하면 국내 또한 이미 경쟁 심화 문제가 잠재되어 있었던 것이다.

결국 항공업계의 구조 재편은 코로나19로 인해 더욱 가속화되었다고 볼 수 있다. 앞으로는 전 세계 많은 항공사들이 파산 혹은 합병될 가능성이 크며, 상위 항공사 위주로 항공 시장은 재편될 것이다. 국내의 경우 현재 항공업계 구조 재편에서 가장 큰 이슈는 HDC현대산업개발의 아시아나항공 인수이다. 2019년 말 HDC현대산업개발은 아시아나항공을 인수하기로 하였으나, 코로나19로 항공업계 미래에 대한 불확실성이 커지면서 인수를 무기한 연기하고 있는 것으로 알려졌다. 만약 HDC현대산업개발이 아시아나항공 인수를 포기하게 되면 국내 항공업계 구조 재편은 인위적인 방향으로 진행될 가능성이 높아지게 된다.

구조 재편 폭을 좌우할 변수는 3가지 정도가 있다. 첫 번째는 코로나19 종식 시기이다. 코로나19가 얼마나 빨리 종식돼서 항공 여행이 자유롭게 이루어지는지가 가장 중요한 변수가 될 것이다. 두 번째는 국제 유가 수준이다. 항공사들의 비용에서 가장 많은 부분을 차지하는 것이 유류비다(대한항공의 경우 영업 비용에서 유류비가 차지하는 비중이 약 26%). 최근 들어 국제 유가가 크게 하락했는데, 항공 수요가 어느 정도 회복된 이후에도 국제 유가가 낮은 수준을 유지한다면 수요 회복이 더디더라도 항공사 실적은 빠르게 개선될 여지가 있다. 마지막은 항공기 주문 취소 및 생산 지연이다. 현재 전 세계 상업용 항공기 제조는 미국의 보잉(Boeing)과 유럽의 에어버스(Airbus)가 양분하고 있다. 이번 코로나19 사태로 항공사의 항공기 주문 취소가 잇따르고 있으며 생산마저 지연되고 있어, 당분간 항공기 인도 물량은 과거 대비 줄어들게 될 것이다. 이는 결국 항공기 공급 감소 효과를 가져올 수 있어 항공사 입장에서는 경쟁 완화에 도움이 되며, 운임을 인상할 여지가 있게 되는 것이다. 결론적으로 코로나19가 항공업계 구조 재편을 가속화할 것은 분명한 사실이며, 상위 항공사 위주로 재편될 것이다. 다만 앞서 언급한 3가지 변수에 따라 구조 재편의 폭이 결정될 것이라고 판단된다.

해상운송업의 운명은?

항공운송업과 달리 해상운송업은 대부분의 독자들에게 생소한 산업일 수 있으므로 먼저 산업에 대해 간단히 소개하고자 한다. 해상운송업은 주로 상선(상업상의 목적에 사용되는 선박)을 이용해 화물을 나르는 사업을 말하는데, 상선은 크게 탱커(Wet Bulk), 건화물선(Dry Bulk), 겸용선으로 분류된다. 구체적으로 살펴보면, 탱커는 원유 운반선, 정유 운반선, 화학제품 운반선, 가스 운반선 등으로 나뉜다. 원유 운반선은 정제하지 않은 석유인 원유(Crude Oil)를 운반하는 선박이며, 국내의 경우 주로 VLCC(Very Large Crude Carrier) 선박을 이용하여 중동 지역에서 원유를 수입한다. 정유 운반선은 정제된 원유, 즉 휘발유·경유·중유 등을 운반하며, 가스 운반선은 LNG 또는 LPG를 운반한다(각각 LNG선과 LPG선이라 칭함).

건화물선의 경우 벌크선, 컨테이너선, 자동차 운반선(PCC: Pure Car Carrier), 냉동선(Reefer) 등으로 나뉘는데, 여기서는 벌크선과 컨테이너선에 대해서만 간단히 살펴보고자 한다. 벌크선은 포장되지 않은 화물을 운반하는 선박으로 주요 운송 화물은 철광석, 석탄, 곡물이며, 그 외 화물로는 철강 제품, 목재, 시멘트, 설탕, 보크사이트 등이 있다. 컨테이너선은 컨테이너를 수송하는 선박을 말하는데, 컨테이너는 표준화·규격화된 모양의 큰 수용 용기로 의류나 공산품 등을 싣는다. 마지막으로 겸용선은 탱커와 건화물선에 선적하는 여러 종류의 화물을 동시에 실을 수 있는 선박을 말한다. 1970~1980년대에는 이러한 겸용선을 흔히 볼 수 있었지만, 최근에는 거의 볼 수 없게 되었다.

해상운송업의 운임은 일반적으로 수요와 공급에 의해 결정된다. 수요를 결정하는 요인은 전 세계 경제 성장률, 해상 물동량, 수출/수입 지역의 변화, 운송 비용 등이 있으며, 공급을 결정하는 요인에는 전 세계 선박 인도량(Delivery) 및 폐선량(Scrap), 선박 생산성(선박 속도, 항구 대기 시간 등) 등이 있다.

해운업의 변곡점, 글로벌 금융위기

2000년대 들어서 해운업의 중요한 변곡점은 2008년 글로벌 금융위기였다. 글로벌 금융위기 이전인 2000년대 중반부터 중국의 높은 물동량 증가로 인해 해운업, 특히 벌크선의 시황이 폭등했으며, 이로 인해 2006~2007년 선박 발주량이 큰 폭으로 증가했다. 2006~2007년 단 2년간의 선박 발주량이 이전 5년간(2001~2005년)의 선박 발주량과 유사한 수준을 보일 정도로 엄청난 발주가 이루어졌다. 이러한 선박 발주 폭증은 선박 공급 과잉을 야기해 장기적인 시황 침체의 결정적인 원인이 되었으며, 글로벌 금융위기 이후에도 2010년과 2013년 사모펀드 등의 선박 투자 증가로 인해 선박 공급 과잉은 더욱 심화되었다. 특히 2013년 사모펀드의 선박 투자 규모는 약 27억 달러에 달했으며, 이로 인해 2013년 선박 발주량은 전년 대비 무려 134%나 증가했다. (그림 3)

이러한 선박 공급 과잉으로 인해 해운업의 장기 침체는 2016년까지 지속되었다. 벌크선의 대표적인 운임 지수인 BDI(Baltic Dry Index) 지수는 2000년 평균 1,608p에서 2007년 평균 7,071p로 폭등 후 지속적으로 하락하여 2016년에는 평균 673p를 기록하여 2007년 대비 약 90% 하락했다. 컨테이너선 또한 지속적인 초대형 컨테이너선(1만 2,000TEU 이상의 선박을 말하며, 1TEU는 20피트

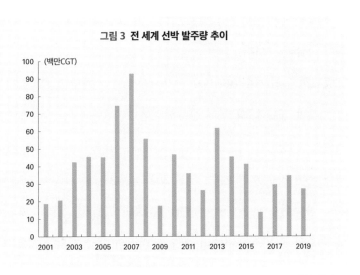

그림 3 전 세계 선박 발주량 추이

자료: Clarkson

코로나발 타격이 우려되는 전통 산업

컨테이너 1대) 발주로 인한 누적된 공급 과잉으로 극심한 시황 침체가 지속되었다. 컨테이너선의 대표적인 운임 지수인 SCFI(Shanghai Containerized Freight Index) 지수는 2010년 평균 1,367p에서 하락하여 2016년에는 2010년 대비 53% 하락한 649p를 기록했다.

2007~2008년 글로벌 금융위기 이후 침체가 지속되었던 해운업 시황은 2016년 바닥(Bottom)을 찍고 2017년부터 회복되기 시작했다. 해운업 시황이 회복된 가장 큰 원인은 공급 과잉 해소에 있다. 장기적인 해운업 침체로 글로벌 금융위기 이후 전 세계 선박 발주량은 크게 축소되었고, 선박의 폐선량은 늘어났다. 이와 같은 공급 부문에서의 조절이 시황 회복으로 나타나 벌크선과 컨테이너선 모두 운임이 회복된 것이다.

벌크선 운임 지수(BDI 지수)는 2016년 673p에서 2017년 1,145p를 기록해 전년 대비 70% 상승했으며, 2018년과 2019년에도 BDI 지수는 1,353p를 기록해 업황이 회복되는 흐름을 이어갔다. 컨테이너선 운임 지수(SCFI 지수) 역시 2017년 827p를 기록해 전년 대비 27% 상승했으며, 2018년 833p, 2019년 811p를 기록해 800p 초반 수준의 운임을 유지했다. 참고로 미국과 중국 간의 무역 분쟁 등 보호무역주의 강화가 컨테이너선 운임이 벌크선 운임 대비 상대적으로 오르지 못한 주된 이유 중 하나이다.

회복 중이던 시황에 큰 타격을 준 코로나19

이러한 해운업 시황 회복에 이번 코로나19 사태는 그야말로 찬물을 끼얹었다. 벌크선 운임은 큰 폭으로 하락했으며, 컨테이너선 운임 역시 하락세가 지속되고 있다. 2020년 1분기 벌크선 운임 지수는 코로나19의 전 세계 대유행과 더불어 브라질 폭우로 인한 철광석 생산 차질과 호주 사이클론 발생에 따른 항만 폐쇄 등이 겹치면서 전년 동기 대비 26% 하락한 592p를 기록했다. 컨테이너선 운임은 물동량 감소에도 불구하고 선사들의 선복량 공급 조절 등으로 전년 동기 대비 9% 상승한 931p를 기록했지만, 선사들이 공급을 조절하면 결국 전체 컨테이너선사의 매출은 감소할 수밖에 없다.

다만 탱커선 시황은 현재 아주 좋은 상황이다. 과거 탱커선(초대형 유조선, VLCC) 운임 흐름에 대해 간단히 살펴보면, 벌크선 및 컨테이너선 운임과 마찬가지로 글로벌 금융위기 이후 침체가 지속되었는데, 탱커선 운임은 2015년에 상대적으로 고시황을 보이며 2008년 이후 가장 높은 운임 수준을 형성했다. 탱커선 운임 흐름이 벌크선 및 컨테이너선과 다른 이유는 에너지 가격이 탱커선 운임에 영향을 미치기 때문이다. 2015년은 저유가가 지속되었던 시기로 수요 측면에서는 중국 등의 전략적 비축유 수요 증가가 있었으며, 공급 측면에서는 원유 저장용 시설로서의 유조선 활용, 선박 인도 증가율 둔화 등의 요인이 있었다.

이러한 저유가에 따른 고시황은 지금도 똑같이 나타나고 있다. 구체적으로 보면, 2020년 1분기 초대형 유조선 운임은 국제 유가 급락에 따른 원유 비축 수요 증가로 전년 동기 대비 약 230% 상승했다. 하지만 이러한 단기적인 비축 수요 증가에도 불구하고 코로나19의 전 세계 대유행에 따른 경제활동 위축으로 탱커선 시황 또한 악영향을 피할 수 없을 것이다.

코로나19 이후는?

그렇다면 코로나19 이후 해운업의 모습은 어떠할까? 결론적으로 말해 수요 측면에서 벌크선과 컨테이너선은 부정적, LNG선은 긍정적이다. 우선 벌크선과 LNG선에 대해 이야기해보자. 앞서 말한 바와 같이 벌크선의 주요 화물은 철광석, 석탄, 곡물인데, 석탄의 경우 향후 환경 규제로 인해 수요가 위축될 것으로 예상된다. 최근 〈뉴욕타

임스〉 보도에 따르면, 2020년 미국에서 재생에너지를 이용한 전력 생산이 사상 최초로 석탄을 이용한 전력 생산(화력발전)을 추월할 것이라고 한다. 중국에서도 환경 규제로 석탄 감축 정책을 시행하고 있는 동시에 LNG 수입은 늘리고 있다. 실제 중국의 LNG 수입량은 2014년 약 1,900만 톤에서 연평균 27% 증가하여 2019년에는 무려 6,200만 톤을 기록했다. (그림 4) 국내에서도 최근 발표된 제9차 전력수급기본계획 초안에서 원전 및 석탄 발전을 줄이고, LNG 및 신재생에너지 발전을 늘리는 계획을 발표한 바 있다. 이러한 전 세계적인 환경 규제에 따른 LNG 수요 증가 흐름에 따라 앞으로 LNG

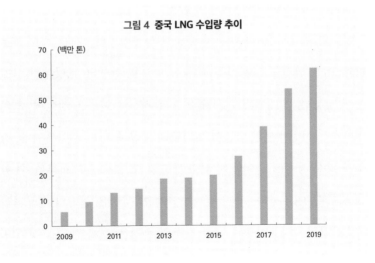

그림 4 중국 LNG 수입량 추이

자료: Clarkson

선 또한 꾸준히 증가할 것으로 보인다.

컨테이너선의 경우 장기적으로 글로벌 공급망 재조정의 영향을 받을 것으로 전망된다. 코로나19 이후 글로벌 공급망은 안정적인 수급 체계 구축이 우선시되어 세계 각국은 리쇼어링(Reshoring) 확대, 지역 내 공급망 구축, 공급 단계 최소화 등의 방향으로 공급망을 재편해나갈 것으로 예상되며, 이는 결국 컨테이너선 물동량 감소로 이어질 수밖에 없다. 이는 그동안 중국이 '세계의 공장' 역할을 하고, 미국 및 유럽 등 선진국에서 제품을 수입하는 구조하에서 컨테이너선 물동량이 큰 폭으로 성장했기 때문이며, 자국으로의 생산 시설 복귀는 결국 컨테이너선 물동량 감소로 이어질 것이다.

이러한 추세로 볼 때 해운업계 또한 항공업계와 마찬가지로 코로나19 이후 산업구조 재편을 겪게 될 것으로 전망된다. 당분간 어려운 경영 환경 속에 상위 선사들만 시장에서 살아남을 것이며, 하위 선사들은 시장에서의 퇴출이 불가피해 보인다. 다만 운임은 수요 감소에 맞춰 공급이 줄어들게 되면 상승할 수 있으므로 회복될 수 있을 것이다. 여기서 한 가지 알아두어야 할 사항은 선박의 평균적인 수명은 15년 이상이므로 공급 감소의 과정은 길게 진행될 것이며, 결국 해운업의 회복은 생각보다 오래 걸릴 수 있다는 점이다.

마무리 토론

코로나19가 여전히 위세를 떨치고 있던 어느 금요일 오후, 필자들은 회의실에 모여 '마무리 토론'의 시간을 가졌다. 본문에서 미처 다루지 못한 내용이 많았기 때문이다. 평소 샤이(?)한 팀원들이어서 토론에 소극적으로 임할 것이라는 팀장의 걱정은 쓸데없는 기우였다. 팀원들의 적극적인 참여로 마무리 토론은 당초 예정되었던 두 시간을 훌쩍 넘겨 진행되었고, 왁자지껄한 분위기 속에서 날카로운 질문과 센스 있는 답변이 오고 갔다.

김영준 코로나19로 큰 타격을 받은 미국이 중국 때리기를 본격화하고 있는 모습입니다. 그리고 글로벌 공급망에서도 중국을 제외한 새로운 공급망을 구축하려는 의도를 노골적으로 보이고 있는데요. 과연 중국이라는 거대한 생산 공장을 대체할 수 있는 나라가 있을까요?

안혜영 자동화나 디지털화로 스마트팩토리 구축이 가능한 업종은 미국으로 갈 수 있습니다. 대표적으로 인건비 부담이 낮은 반도체, 석유화학 등을 들 수 있겠죠. 하지만 사실 미국에게 대부분의 제조업은 사양산업이에요. 숙련된 노동력을 확보하기도 어렵고, 인건비도 경쟁이 안 되죠. 생산비용 상승으로 가격경쟁력 하락이 뻔한데 기업들이 이를 선택할까요?

결국 인건비가 저렴한 아시아 우방에 생산기지를 구축할 수밖에 없을 거예요. 제가 생각하기로는 베트남이나 인도네시아, 인도 등이 탈중국의 수혜를 입을 수 있을 것 같아요.

황규완 문제는 아시아 국가가 아직까지 중국에 비해 인프라가 열악하다는 거예요. 전력 사정도 열악하고 도로 및 항만시설도 매우 부족합니다. 만약 미국이 장기적으로 아시아 우방에 전략적인 생산기지 구축을 원한다면 인프라 구축을 위한 새로운 건설시장이 창출될 수도 있어 보이네요. 특히 한국 건설사가 플랜트 수주에 강점이 있으니 이와 같은 흐름을 잘 살펴봐야 할 것 같습니다.

김영준 건설 이야기가 나온 김에 질문할게요. '언택트' 대중화로 코로나19 이후의 주택과 부동산 시장에 큰 변화가 있을 것 같은데, 어떻게 보시나요?

황규완 가구당 가구원 수가 축소되고 있기 때문에 주택의 사이즈가 커질 것 같진 않습니다. 집에서 보다 많은 시간을 보내기 위한 공간이 필요하다는 논의는 많이 나오고 있어요. 주택을 설계할 때 부엌과 안방 공간을 줄이고, 거실을 넓혀서 '알파룸'으로 불리는 공간을 확보하려는 시도가 이미 있어왔고요. 이와 같은 시도가 조금 더 발전될 가능성이 있죠.

부동산 시장 중 상가의 경우 충격이 올 겁니다. 배달이 익숙해지고 이를 전문으로 하는 식당이 많아질 텐데, 이들이 굳이 1층에 있을 필요는 없죠. 역세권의 중요성도 적어질 겁니다. 대신 이면도로, 2층 이상에 공유 주방을 보유한 배달 전문업체가 많아질 가능성이 높아 보이네요. 상가 개발은 1층의 완판을 전제로 현금 흐름을 짜는데요, 1층의 선호도가 떨어진다면 앞으로는 상가 개발이 매우 어려워질 수 있습니다.

김유진 코로나19 이후 집에 있는 시간이 많아지다 보니까 마당에 대한 로망(?)이 많이들 생겼는데, 요즘 아파트는 확장이 기본이 되면서 사실상 발코니가 사라졌잖아요? 발코니와 같은 야외공간이 다시 부활할 가능성은 없나요?

황규완 그럴 가능성은 거의 없어요. 요즘은 아파트를 설계할 때 발코니를 확장하지 않으면 살기가 불편해요. 발코니 확장이 건설사에 상당한 이익을 주기 때문인데요. 다시 돌아가기에는 입주자의 금전적 부담이 너무 커요. 아무래도 발코니를 확장한 수준의 넓은 집에 살려면 더 넓은 평수로 계약해야 하니까요. 설계에 따라 다르긴 하지만 전용 $84m^2$ 기준으로 한 $30m^2$ 내외까지 발코니 확장으로 집이 넓어집니다.

김문태   구조적으로 이런 변화는 있을 것 같아요. 택배 배달이 늘어나다 보니, 무인택배함의 대형화나 택배를 바로 수령할 수 있는 중간문 같은 형태가 생길 수 있을 것 같아요.

───── **요동치는 유가, 바뀌는 것은?**

김영준   역시 부동산 이슈라 참여도가 높네요. 그럼 다음 주제로 넘어갈게요. 최근 유가가 슬금슬금 올라서 배럴당 30달러 수준까지 왔어요. 그동안 유가 급락에 따른 영향을 주로 다뤘는데, 생각을 바꿔서 유가가 만약 급등한다면 정유/석유화학업은 어떤 영향을 받게 될까요?

안혜영   유가가 반등하고 있지만, 추세적으로 이어진다고 말하기는 어려운 상황입니다. 아시다시피 유가 급락은 코로나19로 수요가 급감했기 때문인데요. 최근 주요국의 셧다운 해제로 수요가 회복되면서 유가가 반등하는 모습을 보이고 있지만, 코로나19 이전의 수요를 회복하기는 어렵다고 보고 있어요. 따라서 저유가 기조는 당분간 지속된다고 예상하고요.

　　일단 유가가 40달러 수준을 회복한다고 가정한다면, 정유업의 경우 재고 관련 손실을 일부 보완할 수 있는 점은 긍정적이지만, 수요 회복이 없다면 항공유 등 제품 가격이 약세를 벗어나긴 힘들어 보입니다. 따라서 정제마진이 개선되기는 쉽지 않습니다. 정제마진의 경우 제품 가격이 상승하지 못하면 추가로 악화될 수도 있어요. 정유사 입장에서는 수요 회복 없는 유가 상승은 별로 바람직하지 않다고 볼 수 있습니다.

석유화학의 경우 각국이 경제활동을 재개할 경우 주요 중간재인 석유화학 제품에 대한 수요 증가로 이어질 것이고요, 따라서 유가 상승분을 제품 가격 상승으로 전가할 수 있어서 긍정적입니다. 다만 가능성은 적지만 유가가 코로나19 이전 수준인 60달러까지 급등한다면 NCC의 가격경쟁력이 하락할 수 있어서 부정적이라고 말씀드릴 수 있겠네요.

김영준 유가 급락으로 중동 산유국의 경기가 급락하면서 해외 건설에 타격이 있을 것 같은데, 어떤가요?

황규완 코로나19 사태가 터지기 이전에도 유가가 중동 산유국의 손익분기 이하 수준이었습니다. 따라서 과거와 같은 턴키[1] 형태의 발주는 거의 없는 상황이었고요, 투자개발형 발주가 대부분을 차지하고 있었습니다. 투자개발형 발주는 정부의 가격 통제가 강하고 투자 회수에 장기간이 소요되는 특성이 있어서 유럽 건설사들이 많이 참여하고 있었고, 한국 건설사들은 별로 나서지 않았어요. 따라서 코로나19 사태와 해외 건설과의 관계는 과거에 비해 매우 약화되었다고 볼 수 있습니다.

김영준 '유가 하락 = 해외 건설 부진'의 공식은 이미 사라졌군요. 좋습니다. 다음으로 자동차 시장의 큰 흐름은 전기차와 자율주행차 같은데요. 코로나19 사태와 언택트가 이와 같은 큰 흐름에 어떤 영향을 줄까요?

김동한 이미 많은 국가에서 기후변화에 대응하기 위해 온실가스 규제를 강화해왔습니다. CO_2는 대표적인 온실가스로 전체 온실가스의 60%를 차지하는데, 이 CO_2를 가장 많이 배출하는 산업이 자동차 산업이에요. 자동차 업체들은 온실가스 규제를 벗어나기 위해 내연기관 연비 높이기에 나섰지만, '디젤

---

1 발주자가 완성된 기자재에 열쇠를 꽂아 돌리기만 하면 된다(Turn-Key)는 뜻에서 붙여진 용어로 발주자는 약속된 공사대금을 지불하기만 하면 되고, 설계, 조달, 시공 등은 건설업체 등 수주업체가 전적으로 책임을 지는 구조로 진행된다. 우리나라의 해외 건설 수주는 95% 이상이 이 턴키 계약에 기반을 두고 있다.

게이트' 등 여러 스캔들만 발생했고요. 최근에는 전기차 개발에 몰두하는 모습입니다. 실제로 주요국은 2025년 이후로 내연기관차의 판매를 금지하는 정책을 밀어붙이고 있어요. 코로나19로 인한 경기침체로 환경 규제가 다소 완화되는 모습도 일부 보이고 있지만, EU는 탄소 배출 규제를 완화해달라는 자동차협회의 요청을 거부하고, 그린 뉴딜에 전기차 부문의 부양책을 강화했어요. 큰 틀에서 코로나19 사태는 오히려 전기차로의 전환을 가속화시킬 가능성이 높아 보입니다.

코로나19 사태 이후 안전과 언택트를 담보로 한 물리적 이동에 대한 욕구는 더욱 커졌습니다. 무인 자율주행 자동차와 로봇에 대한 수요가 늘어날 수 있는 환경이 조성된 것이지요. 실제로 이번 코로나19 사태에서 자율주행 셔틀과 로봇은 검체 수송, 병원 소독, 배송 업무 등을 담당하는 모습을 보여주고 있습니다.

─────── **비대면 시대 오프라인 매장의 변신**

김영준　포스트 코로나 시기의 가장 큰 변화는 언택트 소비가 될 것 같아요. 근데 언택트 소비도 단점이 있겠죠?

김문태   말 그대로 언택트는 접촉이 없다는 거잖아요. 실제로 물건의 색상, 촉감, 향기 등을 확인하기 어렵고요. 점원을 통해 얻을 수 있는 맞춤형 서비스나 상세한 상담, 특별대우 등을 받기도 어려워집니다. 사회적으로도 디지털에 익숙지 못한 고령자의 불편함을 야기할 수 있다는 점을 지적할 수 있습니다. 기업의 입장에서도 점원과 매장이 수행하던 다양한 마케팅 수단이 사라진다고 볼 수 있지요. 점원은 고객이 원하는 상품을 추천할 뿐만 아니라 미처 인지하지 못했던 상품의 추천도 가능하죠. 매장 또한 상품 배치를 통해서 고객들에게 제품의 추가 구매를 유발할 수 있는데, 언택트로는 이와 같은 매출과 프로모션을 기대하기 어렵게 됩니다.

김영준   소비의 온라인으로의 전환이 대세이지만, 오프라인 매장을 전부 없앨 수는 없잖아요? 오프라인 매장이 경쟁력을 유지할 수 있는 방안은 무엇이 있을지 이야기를 좀 해주세요.

김문태   오프라인이 온라인에 비해 경쟁력을 유지할 수 있는 확실한 솔루션은 찾기 힘듭니다. 만약 있다면 '리테일 아포칼립소

(소매업의 종말)' 같은 말이 안 나왔겠죠. 다만 오프라인이 나름대로 경쟁력을 보일 수 있는 방안으로 크게 두 가지를 생각해볼 수 있습니다.

첫 번째는 온라인과의 차별성을 강조하는 겁니다. 가장 많이 언급되는 것이 온라인에서는 맛보기 어려운 쇼핑 과정의 즐거움을 제공하고 상품을 직접 경험하게 한다는 점입니다. 오프라인 쇼핑의 즐거움을 체험하게 해 성공한 사례로 '츠타야 서점', '돈키호테', '트레이더 조' 등이 주로 언급되고 있지요. 다만 즐거운 장난감 체험 공간이었던 '토이저러스'는 파산했고 돈키호테를 벤치마킹했던 '삐에로 쇼핑'은 사업 정리 중입니다. '쇼핑의 즐거움'은 이상적이지만 모호한 개념이기 때문에 모든 업체가 대안으로 삼기에는 무리가 있기도 합니다.

두 번째 현실적인 방안은 온라인이 대체하기 어려운 상품을 공략하는 방안입니다. 예를 들면 법적으로 온라인 판매가 금지된 술, 담배 등이나 온라인으로 구매하기엔 고가인 부동산과 명품, 그리고 컨택이 필수인 미용 서비스 등을 들 수 있을 것입니다. 디지털에 익숙지 않은 고령층 고객을 공략하는 것도 방안이 될 수 있고요.

황규완 오프라인 매장을 많이 보유하지 않고, 도심에 고급스런 분위기의 플래그십 매장을 한두 개 만들어서 고객들에게 제품을 경험할 수 있게 하는 흐름도 강화될 것 같아요. 경험은 오프라인으로, 실제 구매는 온라인으로 할 수 있게 하는 거죠. 한남동의 다이슨 체험관, 가로수길에 있는 애플 매장 등이 그러한 성공 사례입니다.

———— 흥하는 사업 vs 고전할 사업

김영준 포스트 코로나 시대에 수혜를 받을 만한 산업 중 생각나는 게 또 있나요?

김유진 건강에 대한 관심이 커지고 있는데요, 더 나아가서 가정 내 생활환경 개선을 위한 비데, 공기청정기 등 청정가전에 대한 관심도 높아지는 모습이에요. 집에 있는 시간이 많아지자 집 정리를 하면서 중고용품 거래도 확대되는 모습이고요. 이에 따라 '당근마켓'과 같은 중고용품 거래 사이트가 큰 수혜를 받는 것 같습니다. 코로나19로 인해 타인과 물건 또는 서비스를 공유하는 것에 거부감이 생기면서, 빌려 쓰는 것보다는 중고용품을 구입하는 쪽으로 마음을 바꾼 소비자가 늘어나고 있기 때문인 것 같아요.

당분간 해외여행이 힘들어지면서 근거리 여행, 미디어 투어(비대면으로 태블릿을 이용해 영상과 해설을 보고 들으며 하는 여행), 홈캠핑(인도어캠핑) 등의 수요도 확대될 것으로 보입니다.

김영준   자연스럽게 공유경제로 넘어가 볼까요? 공유경제의 한계에도 불구하고 유휴 자원을 활용한다는 콘셉트는 상당히 매력적인데요. 공유경제가 회복될 방법은 없나요?

황규완   상업적으로 성공하기는 힘들다고 보고 있어요. 공유경제 기업의 대표 주자인 우버나 리프트를 보면 적자 상태가 지속되고 있거든요. 설립 초기 단계에서부터 무료 쿠폰 제공과 같은 공격적인 마케팅 전략을 활용하고 있어서 좀처럼 수익 개선이 되지 않고 있어요. 그렇다고 마케팅을 줄이자니 시장의 주도권을 뺏길 우려가 있어서 존립 자체가 어려워지죠. 비용을 줄일 수 있는 부분은 우버 드라이버가 가져가는 수익을 회사가 확보하는 것인데, 이는 완전 자율주행차가 상용화되어야만 가능하고 지금 당장은 어렵죠. 에어비앤비도 마찬가지인데 이는 공유경제 기업이 플랫폼 사업자이기 때문에 발생하는 현상이에요. 결국 공유경제는 비영리 수준의 지역 사회에 밀접한 축소된 형태로 존속될 가능성이 높아 보여요.

김영준 통신에서는 5G가 큰 이슈잖아요. 5G 주도권을 놓고 미국과 중국이 갈등을 보이고 있는데, 이와 관련한 향후 흐름에 대해서 이야기를 좀 들어보고 싶네요.

김문태 양국 간 갈등은 화웨이를 통해서 나타나고 있는데요. 미국이 표면적으로 제기하고 있는 문제는 보안 이슈예요. 화웨이가 통신장비의 백도어를 통해서 주요 정보를 탈취할 수 있다는 의혹을 제기하고 있어요. 화웨이 사장이 중국 인민해방군 정보장교 출신이라는 점도 이와 같은 의혹을 높이는 배경이 되고 있고요.

따라서 미국은 5G 통신망에서 화웨이를 배제하고 있고, 유럽이 자국의 입장에 동참해주길 바라고 있어요. 하지만 유럽은 국가 보안망 장비에서는 화웨이를 배제하되, 일반적인 통신망에서는 화웨이를 배제하는 것에 적극적이지 않은 모습이에요. 5G가 도입되더라도 당분간은 기존 LTE망을 같이 사용해야 하는데, 유럽의 경우 대부분의 LTE망을 화웨이 통신장비로 설치했기 때문에 5G 장비를 화웨이에서 타사로 바꾸면 LTE 장비까지 교체해야 하는 것이 큰 부담이지요. 비용도 천문학적으로 들어가고요. 우리나라의 경우 U+가 화웨이 장비를 사용하고 있기 때문에 곤란한 상황이에요.

따라서 화웨이는 유럽이나 아시아에서는 현재까지 별다른 타격이 없었어요. 다만 최근 미국이 자국의 기술 및 소프트웨어를 사용한 반도체를 화웨이에 공급하지 못하게 한 것은 타격이 될 수 있어요. 통신장비라는 것이 반도체가 필수인데 퀄컴이나 TSMC, 삼성 등으로부터의 공급이 막히게 되었기 때문이에요. 작년부터 상황이 악화되면서 화웨이도 미리미리 재고를 확충해놓아서 약 6개월 정도는 버틸 수 있는데요, 6개월이 지나면 이후부터는 타격이 있을 것으로 보입니다. 자국 내 반도체 회사를 통한 공급이 대안이 될 수 있지만, 수출이 가능할지는 지켜봐야 할 겁니다. 중국의 경우 올해 45만 개 정도의 5G 기지국을 설치할 계획을 세웠는데, 이에 대한 차질도 불가피한 상황입니다.

────── 포스트 코로나, 투자의 방향은?

김영준 미중의 5G 갈등도 큰 틀에서 보면 4차산업의 주도권을 차지
하겠다는 패권경쟁으로 볼 수 있는데요, 4차산업을 대표하
는 용어로 'FANG'이 있어요. 페이스북, 아마존, 넷플릭스, 구
글 등 4차산업을 대표하는 기업을 말하는 것이에요. 이들 기
업이 미국의 주식시장을 주도하고 있는데요. 앞으로 ESG 투
자가 FANG 투자보다 매력적일 수 있을까요?

마지황 ESG 투자가 FANG 투자보다 수익률 측면에서 우월하다고
말하기는 조심스럽네요. 다만 본문에서 언급했듯이 코로나
19 이후 전 세계적으로 환경, 사회, 지배구조에 대한 관심이
더욱 높아질 것이고 결국 이와 같은 관심은 새로운 패러다
임 변화로 나타날 수 있다고 보고 있어요. 즉 신재생에너지,
전기차, 건강 및 안전 강화, 환경오염 규제 강화 등이 계속 이
슈화될 것이기 때문에, 이쪽 부문에서 투자 기회를 찾는다면
ESG 투자를 통하여 좋은 기회를 발굴할 수 있지 않을까 생
각됩니다.

297

김유진   ESG와 유사한 용어 중에 SRI(Social Responsible Invest-ment)라는 게 있어요. '사회책임투자'라는 의미인데, SRI 투자의 경우 사회적으로 책임을 다하는 기업에 투자하는 방식입니다. 수익률보다는 투자의 가치에 중점을 두는 투자 방식이에요. 반면 ESG 투자의 경우는 금융 수익률을 추구하지만, 플러스로 ESG라는 비재무적 요인을 추가적으로 고려해서 장기적으로 수익률과 투자의 가치를 동시에 창출하자는 방식이에요. ESG 투자의 성과는 단기적으로는 지지부진할 수도 있지만, 중장기적으로는 트렌드를 선도하는 개념이라는 측면에서 투자자들이 관심을 가져볼 만하다고 생각합니다.

김영준   우리나라에서도 ESG 투자가 활발한가요? 그리고 투자 수익률은 양호한가요?

김유진   네. 주식시장에 관련 ETF가 여럿 상장되어 있어요. 수익률의 경우 아직까지 특별히 KOSPI를 아웃퍼폼 하지는 못하고 있지만, 연초 지수 급락 시기에는 상대적으로 덜 하락하는 모습을 보여줬어요. 상대적으로 움직임이 묵직하다고 할 수 있을 거예요.

김영준   네. 오랜 시간 토론하시느라 고생하셨습니다. 코로나19로 인한 산업환경의 변화는 앞으로 계속 이슈가 될 것이므로 연구원 여러분들의 지속적인 모니터링 부탁합니다. 감사합니다.

일동   수고하셨습니다!